遇事不决问哲学系列

世界哲学经典

I CH UND DU

我 与 你

[德] 马丁·布伯（Martin Buber）◎著　钟皓楠◎译

光明日报出版社

图书在版编目（CIP）数据

我与你 /（德）马丁·布伯 (Martin Buber) 著；钟皓楠译. -- 北京：光明日报出版社, 2024.1
ISBN 978-7-5194-7746-2

Ⅰ.①我… Ⅱ.①马… ②钟… Ⅲ.①宗教哲学—研究 Ⅳ.① B920

中国国家版本馆 CIP 数据核字 (2024) 第 008294 号

我与你

WO YU NI

著　　者：[德]马丁·布伯（Martin Buber）
译　　者：钟皓楠

责任编辑：徐　蔚	责任校对：谢　香
特约编辑：王　猛	责任印制：曹　净

封面设计：尚世视觉

出版发行：光明日报出版社

地　　址：北京市西城区永安路 106 号，100050

电　　话：010-63169890（咨询），010-63131930（邮购）

传　　真：010-63131930

网　　址：http://book.gmw.cn

E - mail：gmrbcbs@gmw.cn

法律顾问：北京兰台律师事务所龚柳方律师

印　　刷：天津鑫旭阳印刷有限公司

装　　订：天津鑫旭阳印刷有限公司

本书如有破损、缺页、装订错误，请与本社联系调换，电话：010-63131930

开　　本：146mm × 210mm	印　张：6

字　　数：97 千字

版　　次：2024 年 1 月第 1 版

印　　次：2024 年 1 月第 1 次印刷

书　　号：ISBN 978-7-5194-7746-2

定　　价：49.80 元

版权所有　翻印必究

第一部分
所有真实的人生都是相遇 / 001

第二部分
世上不存在两种人类，而人类却有两极 / 051

第三部分
人在关系中实现超越 / 103

后记 / 171

·第一部分·

所有真实的人生

都是相遇

因为人的态度是双重的，世界对人来说也是双重的。

人的双重态度取决于人所说出的基本词的双重性。

基本词不是单独的词汇，而是成对的词。

其中一个基本词是成对词"我—你"。

还有一个基本词是成对词"我—它"，此处的"它"可替换为"他"或"她"。

因此人类的"我"也是双重的。

因为基本词"我—你"中的"我"和基本词

"我—它"中的"我"并不相同。

基本词并不表达什么意义,而是在被说出的时刻塑造一种存在。

基本词谈论的是本质。

如果我们谈论"你",那么成对词"我—你"中的"我"也将被一并提及。

如果我们谈论"它",那么成对词"我—它"中的"我"也将被一并提及。

基本词"我—你"一定会道出全部本质。

基本词"我—它"则永远无法道出全部本质。

没有单独的"我",只有基本词"我—你"中的"我"和基本词"我—它"中的"我"。

当一个人说"我"的时候,他的意思是基本词的二者之一。即便当他说"你"或"它"的时候,基本词里的那个"我"也依然存在。

我存在和我说话是一回事。我说话和任何一个基本词说话也是一回事。

说出基本词的人就走进了词汇,留在了里面。

人类的生命不仅仅由时间词汇组成,也不仅仅由有某物作为对象的行为组成。我感受到某些事物,我感觉到某些事物,我想象到某些事物,我想要某些事物,我感触到某些事物,我思考某些事物……但人类的生命不仅仅由这些和与之类似的东西组成。

所有这一切和与之类似的东西,一起奠定了"它"的疆界的基石。

但"你"的疆界有着不一样的根基。

◇

　　当我们说"你"的时候是没有对象的。在有某些事物存在的地方,一定还会有其他事物,每个"它"都以另一个"它"作为自己的界限,"它"只能通过其他事物得到界定。但说出"你"的时候没有对象。"你"没有界限。

　　当一个人说出"你"的时候,他不拥有任何事物,但他进入了一段关系。

◇

　　人们说,一个人体验着他自己的世界。这是什么意思?人类通过事物的表象,体验着它们。他从中得到关于它们的知识、经验。

　　但仅仅是体验还不足以让一个人靠近世界。

　　因为体验带来的只是一个由许多"它""他"和"她"组成的世界。

我体验到某物。

如果在"外在"体验之上再加上"内在"体验,那也不会有什么改变,之后就是令人感到难以持续的分裂状态,它源于人类的某种渴望,想要保持对死亡的迟钝。内在体验与外在体验都一样,都离不开物!

我体验到某物。

如果在"显性"体验之上再加上"隐性"经验,那也不会有什么改变,人类自作聪明地以为自己发现了事物中一个隐藏的部分,秘密就藏在那里,因此觉得自己掌握了解密的钥匙。但那只是没有秘密的熟悉之物,是已知消息的堆叠!仍是它,它,它!

体验者没有参与到世界之中。体验只是"在他体内",而不在他与世界之间。

世界也没有参与到体验之中。它只是允许我们体验，却不做出回应，因为它不采取任何举动，也不表示任何反对。

体验世界属于基本词"我—它"。而基本词"我—你"建立起了关系世界。

关系的世界有三种维度。

第一：与自然的关系。这种关系难以靠语言沟通。各种生灵向我们靠近，却无法来到我们身边，我们想对它们以"你"相称，中间却隔着语言的围墙。

第二：与人类的关系。这种关系显而易见，可以用语言建立起来。我们可以互相抛出和接受

"你"的关系。

第三：与精神的关系。这种关系笼罩在云中，却给人启示；这种关系沉默无言，却催生话语。我们没有听到一声"你"，却感觉自己受到了召唤，我们回答——构思、思考、行动：我们以我们的本质和基本词交流，却不能张开口说"你"。

但我们是如何将言语之外的事物纳入基本词的世界的呢？

在每一个维度上，我们通过每一个在眼前生成的事物瞥见那个永恒的"你"的身影，通过每一个事物感受到"你"的飘动，我们每一次说"你"，说出的都是那个永恒的"你"——在每一个维度里，按照各自的方式。

我观察一棵树。

我可以将它当成一幅图像来欣赏：光线照耀下一支僵直的箭矢，或是涌流着温柔的天空银光的碧绿树梢。

我可以将它当成一种运动来感受：纹路星罗棋布，树干直冲云霄，根须吮吸着大地，树叶呼吸着空气。它在泥土与空气之间不停地交换着养分，生生不息。

我可以将它归入某种类型，将它作为一个案例进行观察，观察它的结构与生存方式。

我可以完全忽视它的特征与形态，因为我仅仅将它看作法则的表达——相反的力量按照此种法则始终维持平衡，或者物质按照此种法则混合又分离。

我可以将它当作一个数据，以纯粹的数字关系使它转瞬即逝，又使它得以永恒。

在所有这些情况下，这棵树始终都是我的对象，有它的位置、它的存在期限、它的方式和它的特性。

但也可以看出，在某种意志和恩惠的作用之下，观察着这棵树的我与它产生了某种关系，现在它不再是"它"了。排他性的力量压倒了我。

要做到这一点，我不需要放弃任何一种观察的方式。为了看见，我不需要无视任何事物，不需要忘记任何知识。更确切地说，所有这一切，图像和运动、类型和案例、法则和数据都包含在其中，都不可分割地融为一体。

所有这一切，所有属于这棵树的一切都包含在其中，它的形态与它的运作机制、它的色彩与它的化学成分、它与自然元素和日月星辰的交流，这一切都包含在一个整体里。

这棵树不是一种印象，不是我想象力的游戏，不是情绪的产物，而是伫立在我的面前，与我产生某种关系，就像我与它产生某种关系一样——只不过是另一种关系。

人们致力于维护关系的意义：关系是相互的。

那么这棵树，它也有某种类似于我们的意识

吗？我不得而知。我没有遇到树木的灵魂，也没有遇到树妖，我遇到的只有它自己。

如果我将站在我对面的一个人视为我的"你"，如果我对他说出了"我—你"这个基本词，那么他就不再是万物中的一个事物，就不再由物质构成。

他不是"他"或"她"，不受到其他"他"或"她"的限定，不是由空间和时间交织而成的世界之网中的一个点；不是一种可以体验到、可以描述出来的特性，不是许许多多可被命名的特征的松散集合。作为"你"的他茕茕孑立，却严丝合缝地填满了整个天际。这并不意味着世间除他之外别无他物，但其他万物都生活在他的光影之中。

就像旋律不仅仅是由音符排列在一起，诗歌

不仅仅是由辞藻铺陈在一起，雕像不仅仅是由线条堆叠在一起，人们必须用力撕扯，才能将"一"划分为"多"，我以"你"相称的那个人也是如此。我可以描述他头发的颜色、他言语的风格和他为人的品格，我不得不反复这样做，但在这些时刻，他已经不再是"你"了。

就像不是祈祷寓于时间，而是时间寓于祈祷；不是祭牲寓于空间，而是空间寓于祭牲。谁颠倒了关系，谁就废除了真实，因此我不会在任何时间和任何空间里遇到我以"你"相称的那个人。我可以把他放置在那里，并且不得不反复这样做，但那时候他依然只是属于"他""她"或"它"，不再是我的"你"。

只要"你"的天空在我的头上铺展，因果的暴风就蜷缩在我的脚边，灾难的旋涡也保持凝滞。

我并不是以体验的方式认识我以"你"相称的那个人，但我与他保持着某种关系，同处

"我—你"这对神圣的基本词之中。只有当我离开这层关系的时候,我才可以再次以体验的方式认识他。体验就是疏远"你"。

即便那个我以"你"相称的人没有感受到这一点,关系也依然存在。因为"你"比"它"的内涵更多。"你"做的事情和经历的事情都比"它"的内涵更多。这里没有欺骗,这里是真实生活的摇篮。

艺术的永恒起源是当"我"遇到一个"你",并想要以此完成一个作品。这个形象不是灵魂的畸胎,而是走向灵魂、要求灵魂发挥力量的一种显像。这取决于人类的一种本质行为:当完成了这个形象,就会对这个显现出来的形象说出那对基本词"我—你",伴随着自己的本质,然后创造的力量汹涌而出,创造作品。

这一行为包含了祭牲和冒险。祭牲是说：无穷无尽的可能性被带到了这一形象的祭坛之上；刚刚还在我们的视野中嬉戏煽动的一切都必须得到清除，都不能被带入这件作品；这符合面对面关系的排他性。冒险是说：那对基本词只能与全部本质一并道出；如果愿意交出自己，就不能有所保留；作品不像树木和人类一样，它不容许我在轻松的"它世界"里徘徊，而是会发布命令——如果我不以恰当的方式服务于作品，作品就会碎裂，或者作品就会将"我"撕裂。

我无法体验或是描述我迎面遇到的这个形象，我只能将其变为现实。但在对面的光芒映照之下，我依然可以很清楚地看到"你"，比看待经验世界的任何东西都清楚。"你"不是"内在的"事物中的一个，不是"幻觉"的图像，而是一种在场。如果以看待对象的方式去感受它，那么这个形象根本不"存在"，但还有比"你"的在场性更强烈的事物吗？我和"你"之间真正的关系是："你"对我的作用与我对"你"的作用是相同的。

创造意味着汲取，虚构意味着寻找，塑造意味着发现。我在将形象变为真实的过程中有所发现。我带领这个形象进入另一个世界——进入"它世界"。完成的作品是万物中的一件事物，是许多可被体验、可经描述的特征的总和。但那些接纳它的观看者可以一次又一次地遇见活生生的"你"。

——那么，人们能从"你"身上体验到什么？
——什么也体验不到，因为人们无法体验"你"。
——那么，人们对于"你"知道些什么？
——这就是一切了，因为人们对于"你"再没有别的了解了。

◈

"你"因为某种恩惠与我相遇——相遇是无法通过寻觅达成的。但我对"你"说出这个基本词的行为是我出自本质的行为，是我的本质行为。

"你"与我相遇，但我与"你"产生了直接的关系，因此这既是选择者与被选择者的关系，也是被动与主动的关系。因为全部本质的主动行为就是要放弃所有的部分行为，因此也放弃——所有基于它的局限性的——对行为的感受，这样就肯定近似于被动了。

基本词"我—你"只能与全部本质一并道出。收集和融合成全部本质的过程不能直接通过"我"完成，也不能在没有"我"的情况下完成。我变得与"你"互相依附；说出"你"使我成为"我"。

所有真实的人生都是相遇。

◈

　　"我"与"你"的关系是一种直接的关系。在"我"与"你"之间没有任何概念、任何预知与任何幻想；记忆自身会产生改变，单独的记忆会聚集到一起，变成整体。在"我"与"你"之间没有任何目的、任何贪婪与任何索取；渴望自身会产生改变，会从梦境中走向现实。所有的介质都是阻碍。只有当所有介质都分崩离析时，相遇才会发生。

　　在关系的直接性面前，所有可以作为中介的事物都变得无关紧要。我的"你"是不是另一个"我"的"它"（"经验世界里的客体"），或者会不会变成另一个"我"的"它"也是无关紧要的。因为实际上的界限显然是摇摆不定的，既不划在经验世界与非经验世界之间，也不划在既定事物与未定事物之间，更不划在存在世界与价值世界之间，而是横跨过"你"与"它"之间的所有区域：划定在当下与对象之间。

"当下"不是思想中"已经逝去的"时间静止的终点，不是固定进程中的一个显像，而是真实的、充盈的，只有当在场性、相遇与关系同时存在的时候，"当下"才存在。

基本词"我—你"中的"我"，并没有与某个"你"相遇，而是被许多"内容"包围，因此只有过去，没有当下。换言之：如果一个人满足于自己体验到的和使用到的事物，他就生活在过去，属于他的瞬间没有在场性。他除了对象一无所有，但对象只能存在于过去。

"当下"不是短促和倏忽的，而是持续在场

和永久在场的。对象不是一种绵延,而是静止的事物、停滞的事物、僵化的事物、被抛弃的事物、没有建立起关系的事物和没有在场性的事物。

本质性生存于当下,对象性生存于过去。

如果有人呼吁引入某个"思想世界"作为超对象的第三者,这种根本的双重性也依然存在。因为我谈论的只是一个真实的人,是"你"与"我",是我们的生活和我们的世界,而不是一个自在的"我"和一种自在的存在。对真实的人来说,实际上的界限也横穿了思想的世界。

显然,有些人满足于物的世界,体验它们,使用它们,建立起了自己的思想大厦或者是思想的摩天大楼,那是他应对虚无之侵袭的避难所与避风港。他在踏入门槛的时候就脱下了日常生活的破旧衣服,将自己裹在干净的亚麻布里,凭借注视原始的存在或应该出现的存在重振精神,而他们的生活与这些存在毫无关联。就算是告诉他们这一点,他们也依然觉得满足。

但这种靠想象、假设和宣传得到的属于"它"的"人性",与那种对别人真正说出"你"的鲜活人性是不一样的。最高贵的虚构就是拜物主义,最庄重的虚假信念就是某种恶习。思想既不主宰我们的头脑,也不寓居在我们体内;它们在人与人之间漫游,与人相遇;那些没有说出基本词"我—你"的人令人憎恶,那些用某个概念或某种口号取而代之的人则值得同情!

直接关系包含了对对面事物的影响。艺术的本质行为决定了形象变成作品的过程。对面的事物使相遇的过程变得充盈,它通过相遇走进物的世界，无穷无尽地发展下去，生成无穷无尽的"它"，但也生成无穷无尽的"你"，令人鼓舞，也令人欢愉。它"实现了自己"：它的躯体从没有空间、没有时间的当下洪流中升起，登上存在的河岸。

这种影响的意义对于人类的"你"并不算明显。在这里建立了直接关系的本质行为通常会得到感受层面的理解，因此受到误解。感受伴随着爱的形而上学和心理学因素出现，但感受不是这种因素的组成部分；伴随而生的感受可能具有截然不同的方式。

感受被人"拥有"，爱却自行产生。感受寓居在一个人的体内，但一个人寓居在他的爱之中。这不是比喻，而是现实：爱不会依附在"我"身上，使"你"仅仅变为一种"内容"，变为对象；"爱"存在于"你"与"我"之间。如果谁没有靠自己的本质理解这一点，他就没有理解爱。无论他是否觉得自己经历过、体验过、享受过和表达过，这些感受对他来说已经足够。

"爱"具有世界性的影响力。谁身处爱之中，谁向爱的内部凝视，谁就能够摆脱自己的束缚，投入行动之中；善与恶、机智与愚蠢、美与丑，对他来说都真的变成了"你"，挣脱束缚、踏步出来、单独出现又面对面在场；排他性的奇迹一次又一次出现——因此他就可以发挥作用，得到帮助、治愈、教化、升华和救赎。爱是一个"我"对一个"你"的责任：存在于爱之中的事物不存在于任何感觉之中，所有心怀爱意的人都是平等的，无论尊卑，无论是生下来就备受宠爱、无比幸福，还是喜爱并敢于尝试可怕的事情、整整一生都被钉在十字架上，他们都在爱人类。

在关于生命和它们的注视的例子里，这种影响的意义依然保持着神秘。相信生活简单的魔力吧，你将会知道生命的每一次守候、观察和"埋起头来"意味着什么。所有话语都可能具有欺骗性，但看啊，本质就生活在你的周围，无论你走向哪一个，你都会遇见本质。

◇

关系是相互的。我的"你"对我产生了作用，就像我对这个"你"产生了作用。我们的学生给了我们教益，我们的作品将我们创造完成。我们有多少教益来自孩子，来自动物！我们生活在所有不可预测的互相性的洪流之中。

——你在谈论爱，你说它是人类之间唯一的关系；但你如何用这个例证合理地解释，世界上也存在恨？

——只要爱是"盲目"的，那么就意味着：只要它没有看到全部本质，它就还没有真正抵达这个基本词的关系。恨的本质就是盲目的，人们只能用一部分本质去仇恨。如果有谁看到了全部本质却只能选择忽视它，他也不会走入仇恨的疆域，而是停留在有人性限制的说"你"的能力中。于是这样的人就无法对面前的人说出那个富有人性的基本词，那个词也包括对已经说出的本质的一种肯定，无法说出那个词，必须要么拒绝别人，要么拒绝自己：这种困境揭示了进入关系的相对性，在意识到这种相对性以后，它才可以被废止。

但心怀仇恨的人比无爱无恨的人更接近关系。

我们的命运却总要面对忧愁，我们世界中的每个"你"都不得不变成"它"。尽管在当下，这个"你"在直接关系里具有排他性的存在：但只要"你"发挥了作用，或者是被某种介质隔开，就成为所有"它"中的一个，虽然是其中最崇高的一个对象，但也是"它们"中间的一个，有了尺度和界限。作品的实现意味着另一种意义上的去现实化。真正的观察是很短促的，自然的本质刚刚向我显示了相互影响的秘密，现在又变成了可以描述的、可以分解的、可以排列的事物，变成了许多层面的法则的交汇点。就连爱本身也不会在直接的关系里坚守下去；它还会绵延下去，但只是在现实与潜藏之物交替的时候。原本独一无二、不可得到、不可触及、只在当下、不可体验、只可感知的人，现在却变成了一个"他"或"她"，一个特征的集合，一个具有人性的量化标准。我现在又可以描述他头发的颜色、他言语的风格和他为人的品格了，但只要我还可以这样做，他就不再是我的"你"，也不会再成为我的"你"。

世界上的每一个"你"都不得不依据自己的本质变为物，或者是说不得不反复变回物的状态。用客观的语言说就是：每一个来到这个世界上的物在变成物之前或之后，对某个"我"来说都有可能是某个"你"。但客观的语言只能捕捉到真实生活的一角。

"它"是蝶蛹,"你"是蝴蝶。两者并不总是能清清楚楚地分割开来,而是往往在错综复杂的进程中纠缠。

我们来观察一下"原始人"的语言。"原始人"的生活中没有太多的对象,他们的生活建立在一个很小的圈子上,他们的行为具有很强烈的当下性。"原始人"语言的精髓就是一词一句,语法结构非常原始,各种词类就从这种原始的结构中产生,这种语言最能表达的就是一种关系的整体性。我们说"离远点",祖鲁人却会说一句话,其中只有一个词,这个词的意思是"那边有个人在喊叫:'哦,妈妈,我迷路了'";火地岛人以一个七音节的词组成的句子凌驾于我们的智慧之上,它准确的意思是:"两个人彼此对视,他们都在等待对方主动提出去做符合两个人的愿望但两个人都不想做的事情。"在这句话中,名词和人称代词既不清晰,也不具有完整的独立性。这些语句并不是来自分析与思考的产物,而是来自真实的生活中的关系。

我们向遇到我们的人致意,给予他们美好的祝愿,向他们诉说我们的忠诚。但与那种永远年轻、永远鲜活的卡菲尔人在关系里打招呼的方式相比,这些形式是多么间接和可憎啊!(你能从"老天保佑"这句话里感受到什么原始的力量!)卡菲尔人会说:"我看到你了!"那些与卡菲尔人类似的美洲人,他们会说出那句可笑但崇高的"闻闻我的气味吧!"

我们可以猜测,关系、概念还有对人与物的设想全部来自对关系进程与关系状况的设想。"自然人"那些最基本的、可以唤醒灵魂的印象和活动都来自关系的进展,那是与对面的事物的经历,或者来自关系的状态,那是与对面的事物的生活。比如说他每天晚上都会看见月亮，对月亮也没有什么想法，直到月亮在睡梦中或清醒状态下有血有肉地走向他，走到他身边，以自己的姿容令他着迷，或是以触碰给他带来或痛苦或甜蜜的感受。他不会对漫游的光斑拥有一段光学性的设想，而是在一开始只是感受月亮的作用，感到那种富有律动的、穿过身体流淌的动态图像，然后发挥了影响的月亮的个体图像才会逐渐显现，愈行愈远：直到这时，每天晚上的感受与无意识状态下的记忆才会被那种影响所点燃，逐渐变成施动者和受动者的一种设想，得到客观化，不可体验、只可承受的那个原初的"你"才有可能变成"他"或"她"。

  从所有这些本质现象所具有的初始性、长期发展性的关系特征出发，我们会发现有另一个现代的研究领域受到了广泛的关注和讨论，也就是原始生活中的精神元素，但这个问题还没有得到完全的理解，那种神秘力量的概念可以在许多民族历经变迁的信仰体系或科学成果（在很多民族中，这两者是一回事）中找到，比如"玛那"[1]或"奥伦达"[2]，它的原始含义也为婆罗门教提供了道路，并在纸莎草上和使徒信件中以"动力"和"珍宝"出现。人们把它当作一种超感官、超自然的力量看待，但这两种描述都属于我们的分类，对于原始人是不适用的。他们世界的边界由他们的肉身经验划定，在这个范围里，死者的来访完全属于"自然"的事情；他们肯定会觉得感受某种超感官的东西是违反感官规律的。那些被他们描绘成"神秘力量"的现象都是基本的关系进展，他们思索的所有进展都是因为这些进展刺激到了他们的肉体，在他们心中留下了一幅激动

---

1 "玛那"来自太平洋梅拉尼西亚语，指超出自然的神秘力量，包括魔力、神力和鬼魂的作用力量。

2 "奥伦达"来自北美洲依洛克印第安人的说法，指印第安巫师对他人、他物和自然界施加的影响。

的图像。月亮与死者有能力在夜晚带着痛苦或欢乐拜访他们，太阳能够使他们燃烧，动物能够使他们号叫，首领能够用目光给他们下命令，萨满法师能够用歌声鼓励他们充满力量地去狩猎。玛那也在发挥作用，将天边的月亮这个个体变成了一个嗜血的"你"，当这些对象身上的激动图像消失以后，记忆也依然留存，虽然仅仅对施动者和受动者还具有影响。如果一个人拥有了一块神奇的石头，也会感受到这种影响。原始人的"世界观"之所以充满魔力，不是因为人类的魔法力量构成了这种世界观的核心，而是因为它只是起源于所有本质事物的普遍影响的一个怪异的变体。这种世界观的因果性不是连续的，只是不断重复的电闪、爆发和力量的生效，犹如一种毫无征兆的火山运动。玛那是原始的抽象物，也许比数字更为原始，但并不比数字更超自然。自发形成的记忆将重大的关系事件和基本的震荡事件排列起来；对于维持生命最重要的东西和对于获取认识最突出的因素强硬地排在前面，经过了扬弃的过程，从其他事物中独立出来；不那么重要、不那么普遍、在经历中不断变化的"你"退到了后面，孤零零地留在记忆里，渐渐被对象化，渐渐被归入一个群组、一个门类；孤独地瑟瑟发抖，有时候显得比死者和月亮还要诡异，但总是保持着不可抹去的痕迹，它升华成了另一种事物，那个"始终不变"的伴侣："我"。

对于自我意识，维持"自我"的原始力量并没有比其他冲动更强烈；想要繁衍生息的不是"我"，而是对"我"一无所知的肉体；不是"我"想要创造物，而是肉体想要创造物，制造工具、玩具，成为"创造者"；在原始的认识功能中并没有"我知故我在"这个说法，当时的人只是形成了一个幼稚的形式。在原始的经验分裂之后，在至关重要的那对原始词"我—影响—你"和"你—影响—我"瓦解之后，在分词名词化和独立化之后，"我"才真正地迈步出来。

◇

两组基本词的根本区别在原始人的精神史里就能够看出来，人类在原初的关系事件中就会以自然的方式说出基本词"我—你"，仿佛不需要任何历史经验，在他认识到自己是"我"以后，基本词"我—它"才会通过"我"的消解，有了进入他的认识的可能性。

第一组基本词可以拆分成"我"和"你"，但它并不仅仅是把两个词并置在一起就可以形成的，它先于"我"出现；第二组基本词就是由"我"和"它"并置而产生的，它在"我"之后出现。

原始的关系事件中包含着"我"：因为这些事件具有排他性。由于这些事情的本质，这些事情只允许两方参与，一个人和他对面的事物，展现出完整的真实性，由此世界对他来说就变成了一个双重的系统，里面的人还没有进入"我"的内部，却已经察觉到了它那宇宙性的庄重感。

与此相反的是,我并没有被包含在依靠"我—它"这个基本词和我的经验与我联系起来的自然事件里面。这些事件是对人类身体的扬弃,将承载者的感受与环境分开。身体在这一过程中认识到了自己的独特性,并与其他事物相区分,但这种区分只是单纯的排列,无法呈现出内在自我的特征。

但当"我"从一段关系中抽身,在孤独的状态下生存的时候,它也极其微弱却卓有成效地参与到了身体正在经历的与环境分离的自然事件中,并在其中唤醒了自我。直到这时,才有了有意识的自我行动,才有了与我相关的经验的产生,这也就是基本词"我—它"的雏形:从关系中抽身而退的"我"宣布自己是感受的承载者,外界环境是我感受的对象。当然,这一切是以"原始的"而不是"符合认识论的"形式发生的。但就在"我看到那棵树"这句话被说出的那一刻,说话的人讲述的就不再是人类—我与树木—你之间的关系了,而是在确认人类—意识对树木—对象的察觉,主体和客体之间的界限已经划定;那个分离之词,那个基本词"我—它"已经说出。

——那么我们命定的忧伤可以一直追溯到史前时代吗?

——是这样的:只要人类有意识的生活开始于史前的生活。但在有意识的生活中,只有世界性的存在才能够重现人类的形成过程。精神在所有时代都是一种产物,是自然的副产品,但正因为精神,自然才是永恒的和开敞的。

两组基本词在不同的时代和不同的世界都有许多名字,但在无名的真理之中,它却被包含在造物之内。

◇

——那么你还是相信,在人类的远古时代有

一个天堂?

——那也可能是一个地狱——当然,我在进行历史性的思考的时候会一直回溯到那个时代,充满阴森、恐怖、折磨——那个地方不是真实的。

原始人类的相遇经历肯定不会非常和平,但真正感受到来自本质的暴力要胜过没有面孔的数字带来的幽灵般的抚慰!前者将我们引向一条通往上帝的道路,后者只会将我们引向虚无。

◇

即便在我们对原始人的生活进行了完整设想的情况下,真实的远古人类的生活对我们来说也不过是一个比喻,只是让我们快速瞥见了两组基本词之间的时间关系。我们可以在孩子身上得到更完整的信息。

我们在这里已经阐明一点,基本词的精神现

实具有某种自然性的起源，基本词"我—你"的精神现实来自与自然的连接，基本词"我—它"来自对自然的扬弃。

尚在母亲子宫中的孩子与母亲是纯粹的自然连接，是身体的相互流通与相互影响；这个正在成形的孩子在母体身上有着独特的展现方式，但又无法得到完全的展示，因为胎儿不仅仅是蜷缩在人类母亲的子宫里。这种连接是世界性的，有一句犹太谚语说，人在母亲的身体里知晓了一切，出生后又忘记了一切，这听起来很像是一段残缺的古代碑刻。这就像一个神秘的愿望留在了人们体内。但我说的不是人类回归的渴望，不像有些人那样，把精神和智力的概念混淆，认为精神只是自然的寄生虫；更确切地说——尽管它引发了各种疾病——精神仍然是自然的花蕾。我说的是对真正连接的渴望，是正在爆发成精神的本质与它真正的"你"的连接。

每个正在成形的人类之子都像所有正在成

形的生命一样，蜷缩在伟大母亲的子宫里：难以分割、尚未成形的原初世界。离开那里意味着个人生活的开始，只有在我们进入黑暗的时刻（当然，一个健康人在每个晚上都会经历这一过程），我们才能再次靠近这个世界。但那种分离不像与血肉至亲的母亲分离那么突然，那么具有灾难性；人类的孩子有一段期限，可以用与世界的精神连接代替与世界的自然连接，那就是关系。他从闷热的黑暗混沌走进清冷、光明的造物世界，但他还没有拥有这个世界，他必须先正确地掌握这个世界，将它变为自己的现实，他必须观察、倾听、触摸和建造自己的世界。创造力在相遇的过程中向他揭示自己的形态，它没有瑟瑟发抖地站着等待，它主动迎面而来。成人认为十分常见、用以摆弄的所有对象，孩子都需要用努力的行动掌握和求索。没有任何物质属于经验的组成部分，除非它们在面对面的相互作用之后才能进入"它世界"，成为孩子的经验。就像原始人一样，孩子生活在一次又一次的沉睡之间（在清醒的大部分时候也还在做梦），在一次又一次电闪雷鸣的相遇之间。

  对关系的远古追求可以追溯到最早和最蒙昧的阶段。在人们可以感知到个体事物之前，他们畏怯的目光就开始打量不熟悉的空间里不确定的事物；在他们吃饱喝足以后，他们就开始寻求一切在他们看来不可思议的事物，将柔软的手伸入空虚的大气中，遇到某个不确定的事物。人们也许会将其称为一种动物性，但这并没有掌握要义。因为就是这样的目光会在长时间的试探后停留在一块阿拉伯红色挂毯上，凝视着它，直到那红色的灵魂向它开敞；就是这样的动作会在一只毛茸茸的玩具熊身上得到一种可以感知的形态感和确定性，并满怀爱意地记住它完整的身体，难以将这一点遗忘。这两种过程都不是"它世界"的经验，而是与一位——显然只是存在于"幻想"中的——正在发挥鲜活作用的对面者的交流

(这种"幻想"却不是来源于"万物有灵论",它是一种将一切变为自己的"你"的冲动,与一切建立关系的冲动,如果没有发挥鲜活作用的"对面的事物",只有这些映像或是象征,它也可以靠自身的充盈填补出那种鲜活的相互影响)。依然有细微的、互不关联的声响坚持在虚无之中毫无意义地回响,但不可忽视的是,它们有朝一日会变成对话,与谁的对话?也许是与沸腾的茶壶,但那也是一场对话。有些被称为反射的动作是人类塑造世界的利器。孩子们不是先察觉到某种对象,然后再与它产生关系;相反,对关系的追求才是第一步,它是一只伸出的手,被对面之物握紧。对一个默默无言、尚未成形的事物说出"你",是关系的第二步。物的形成却是之后的产物,是原初经历的分解和联系双方的分离的结果——就像"我"的形成一样。自太初以来便有关系:它是本质的类型,是做好准备的状态,是理解的形式和灵魂的模式。关系具有先验前提，那个与生俱来的"你"。

经历过的关系是在相遇中对与生俱来的"你"的实现；对面的人会被理解为这个"你"，得到一种排他性的接受，最终在基本词里被说出，这一点的根源就是关系的先验前提。

在接触的冲动下（首先是触觉的，然后是以视觉"触碰"另一本质的冲动），那个与生俱来的"你"很快就发挥出作用，它的相互性越来越明显，而相互意味着"柔情"。但之后才会产生的原初的改变冲动（以组合的方式创造出物的冲动，如果组合行不通，也会以分析的方式进行：以分解和撕裂的方式），也因此产生了所创造之物的"人格化"与"对话"。孩子灵魂的发展与对那个"你"的渴望是不可分割的，它取决于这种渴望的实现和幻灭，取决于实验性的游戏和束手无策的严肃悲剧。如果要真的理解这种现象，无论以何种方式尝试，都只能了解到更狭窄的范围，真正有效的理解只能是在观察和阐释中时刻铭记这种现象的宇宙和元宇宙起源：肉身出生在这个世界上的个体早就走出了没有区分、没有定型的原初世界，但还没有完全涉足形态和样貌的本质，只有通过走进关系，他们才能逐渐发挥出自己的作用。

◇

人因为"你"变成"我"。对面者来而又去，关系变得亲密又疏离，在变化之中，关系中不变的一方的意识一次次成长，自我意识一次次变得更加清晰。尽管它依然只出现在关系的网络里，在与"你"的联系中，作为正在被"你"认识的事物，渴望着"你"，却又不是"你"，但每次都会更强烈地爆发出来，直到这根纽带最终崩断，分离而出的"我"在一瞬间就像一个"你"站在我的对面，很快占有了这个位置，并怀着意识继续踏入关系。

到了这个时候,另一组基本词才补充完整。因为"你"不断地从关系里淡出,但没有因此就变成"我"的"它",没有像之后继续发展下去那样,变成一种与我毫无关联的感觉与经验的对象,而是好像成了自身的"它",首先保持不被察觉的状态,等待产生新的关系事件。成长为躯体的肉身作为感受的承载者和欲望的实行者从周围的环境里站起身来,但只是与邻近的事物相安无事,没有进入"我"和对象的绝对分离状态。但现在,那个分离出的"我"有了改变:从实质的充盈物变成了一个经验、使用事物的主体上的功能性的点,走向所有"自身的它",征服它,对它说出另一组基本词。变得自我的人,说出"我—它"的人置身于事物之上,而不是在相互影响的洪流中将事物置于自己对面;他俯下身透过客观的放大镜观察细节,或是透过客观的望远镜掌握远景,但在单独观察它们的过程中不再保持排他性,在观察的时候也不再怀有一种世界性的情感——这些事情只存在于关系之中，他只有在关系之中才能够做到这些。只有到这个时候，他才会把事物当作特征的合集进行体验：特征也来自每一次关系事件，属于记忆中的"你"，留在他的记忆中，但这些事物现在才在他的面前靠自己的特征建立起来；只有当关系的记忆，根据每个人的不同方式，无论是如梦如幻、栩栩如生还是充满哲思，只有当它将这个人在"你"内部非常强大的核心填充完整，所有的特征才会全部揭示出来，那就是实质。只有在这个时候，你才能将事物置于空间—时间—因果关系之中，每件事物才有了自己的位置、自己的进程、自己的尺度和自己的条件。那个"你"尽管依然出现在空间里，但也是处在排他的对面空间里，在那里，其他事物不过是背景，"你"从其中浮现出来，没有边界和尺度的限制也可以存在；它出现在时间里，但也是处在已经完成的事件里，那个事件不是某种持续的、结构稳定的结果的一部分，而是存在于"瞬息之间",它紧张的维度完全由它自己决定;它发挥着影响,同时也接受着影响,却无法嵌入任何因果的链条,而是自始至终都与"我"互相影响。这是属于人类世界的基本真理之一:只有它可以按照秩序排列。只有当事物从我们的"你"变成了我们的"它",它们才可以得到协调。"你"不属于协调有序的系统。

但说到这里,我们就有必要讨论另一条基本真理,没有这一条真理,我们现在提到的这一点也不过是无用的残篇断句:有序的世界并不是世界的秩序。在一些原因不明的瞬间,世界秩序会作为一种当下被人们瞥见。就像听到飞来一串音符,其字迹模糊的乐谱就是有秩序的世界。这些瞬间是不死的,尽管它们飞速飘逝:它们的内容无法被保存下来,但它们的力量穿行于人类的创造与认识过程,它们的力量的光芒照透了有秩序的世界,一次又一次地使它消融。这是个人的历史,也是族群的历史。

◇

　　对人来说，世界的双重性取决于人的双重态度。

　　他感受周围的存在，纯粹的事物和被当作事物的本质；他感受周围的事件，纯粹的事件和被当作事件的行为。事物由特征组成，事件由瞬间组成；事物处于空间网络，事件处于事件网络。事物和事件受到其他事物与事件的界定，它们与其他事物和事件互为尺度、互相比较，这就是有秩序的世界，分离的世界。这个世界从某种程度上看是可靠的，它拥有密度和绵延，它的组成部分清晰可见，可以反反复复地回到这个世界，可以闭上眼睛复述它，睁开眼睛检验它。它就在这里，如果你接近它，它就抵上你的肌肤；如果你偏爱它，它就蜷缩于你的灵魂。它一直都是你的对象，可以根据你的喜好改变亲疏，在你之外或在你体内。你感受它，把它当作"真理"，它允许你索取，却并不献身于你。你只能和别人达成关于它的"共识"，尽管它在每个人的眼里都不一样，却永远是你们共同的对象，只是你与它相遇的时候无法认识到别人。没有它，你无法继续生活，它的可靠性使你存续下去，但如果你深深沉湎于它，你就会葬身于虚无。

另一种方式是，人在相遇的过程中将存在与生成的过程视为对面的事物，永远只有一个本质，所有事物都仅仅是本质。存在的事物在这个过程中为他开敞，发展的事物又作为一种存在遇见了他。除了这一件事物，没有其他事物属于当下，但这一件事物却具有世界性的价值。尺度和比较都变得不再重要，有多少不可度量的事物会变成现实，完全取决于你。相遇并不会将事物组织成世界，但每一次相遇对你来说都是世界秩序的一种征兆。这些相遇并不彼此相关，但每一次相遇都将你与世界更紧密地联系起来。以这种方式出现在你眼中的世界是不可靠的，你无法靠言语掌握它；它没有密度，因为所有的事物在这个世界里都可以穿透一切；它没有期限，因为它不请也会自来，抓紧也会消逝；它不可看透：如果你想要看透它，你就会失去它。它想要来到你身边；如果它没有抵达，就无法与你相遇，然后就会消失；但它还会再次到来，再次变换形态。它并不在你身外，它触动了你的根基，如果你说它是"我的灵魂之魂"，那也不算过头：但你要小心，如果你想把它置入自己的灵魂——你就会毁掉它。它是你的当下：只有拥有它，你才拥有当下。你可以把它变成你的对象，体验它，使用它，你不得不一再这么做，然后你就失去了当下。在你和它之间是相互的给予关系，你对它说"你"，将自己交给它；它也对你说"你"，将自己交给你。你无法和别人达成关于它的共识，你独自一人面对它；但它也教你遇见其他人，在相遇中保持坚定。它以到来时的恩赐与离别时的忧愁，引领你走向"你"，平行的关系线因此得到交汇。它不会帮助你维持生命，却能帮助你感受到永恒。

◇

"它世界"与空间和时间相关。

"你世界"与空间和时间无关。

在关系过程结束后，"你"一定会变成"它"。

在踏入关系过程之后，"它"有可能会变成"你"。

这是"它世界"的两个基本特权。它促使人们将"它世界"看作唯一的世界，人们不得不生活在其中，不得不满足于生活在其中，此外，它还让人们期待着各种各样的魅力、事件、活动与认识。"你"的瞬间在这段稳固而成果丰硕的编年史里，只是一段优美的诗歌或戏剧体插曲，尽管带有诱人的魔力，却非常危险，可能会使久经考验的关联走向松动，留下的问题比满足感更多,还会撼动安全感,非常可怕,又不可或缺。既然人们不得不因为它们重返"世界",为什么不在这个世界里留下来呢?为什么面对面的关系不能编入秩序,不能被归入"它世界"的范畴?为什么我们只会对比如父亲、妻子和伴侣说"你"呢?为什么不说着"你"但想着"它"呢?用发声工具说出"你"这个发音肯定不意味着说出了那个可怕的基本词。是的,只要人类真的可以只满足这两件事:体验和使用,那么用灵魂低语出一个深爱的"你"便是安全的。

人不能生活在纯然的当下,它会消耗掉一个人,如果他不谨慎对待,它很快就会彻底地征服他。但人可以生活在纯然的过去,只在过去建立起一种生活。人只需要用体验和使用填满每一分钟,然后他就不再燃烧。

在所有的真理中,你要知道这一点:没有"它",人就无法生存,但只靠"它"生存的人也不再是人。

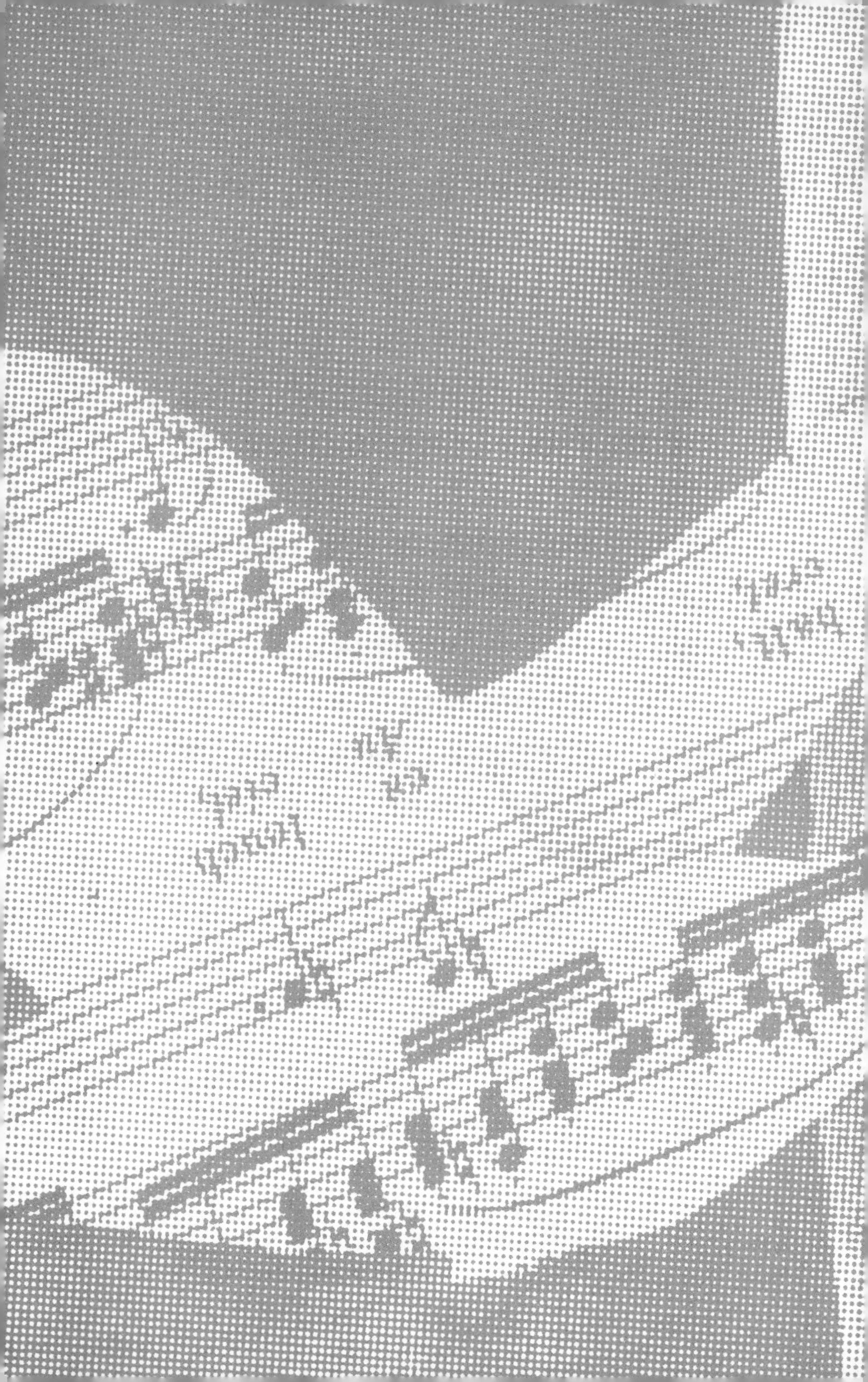

第二部分

世上不存在两种人类，而人类却有两极

个体的历史与人类整体的历史总是会呈现出不同的走向，但在某一点上是相同的，它们都伴随着"它世界"不断扩张。

这一点是否适用于人类的历史还留有疑问。有人指出，彼此独立的文化国度都发源于形态各异但结构相同的原始社会，因此都是从一个狭小的"它世界"开始的，因此符合个人生活的不是人类的生活，而是单一的文化。但如果忽略这种表面上的隔绝现象，其他处在历史影响下的现存文化都在某种程度上——不是在特别早期的时候，但肯定是在各个文化的巅峰期之前——接受了其他文化的"它世界"范畴，可能是直接接受了同时代的文化，就像希腊文化接受埃及文化，也可能是间接接受了之前的文化，就像西方基督教文化接受了希腊文化：它们不仅仅靠自己的体验，而且也通过接受外来文化的影响来扩大它们的"它世界"，只有这样，成长中的文化才能够得到至关重要的拓展，迎来重大的发现。（在这里，我们暂且忽略"你世界"的观察和行为的作用。）因此，所有文化的"它世界"都普遍要变得比之前更为广泛，尽管会遇到一些阻碍和一些表面上的倒退，"它世界"在历史进程中的稳步进展还是清晰可见。在这一点上，一种文化的"世界观"更倾向于有限或者所谓的无限（更准确的说法是无法穷尽）是无关紧要的，一个"有限的"世界很可能包含比一个"无限的"世界更多的组成部分、事物和进程。我们还会观察到，不仅仅是自然认识的范畴，社会差异和技术成果都可以进行比较，对象世界还可以通过这两项事物得到拓展。

人与"它世界"的基本关系包括体验和使用两种行为。体验不断地重建"它世界"，使用则将"它世界"引向多种多样的目的，如维持生命、改善生活和进行人生规划。随着"它世界"范围的扩展，体验和使用的能力也需要不断提高。个人尽管随时都可以通过间接地"学习知识"来取代直接体验，将使用的过程简化为某种专门的"应用"，却还必须将这种技能代代相传，进行持续的能力培训。这就是多数人所说的精神生活的发展。但实际上这种罪恶的说法说的并不是精神生活，因为这种"精神生活"对一个人在精神世界里的生活大部分时间都只是一种阻碍，在最好的情况下也只是被精神战胜和塑形的材料。

是的，阻碍。因为对体验和使用能力的训练往往会削弱人的关系力量——只有借助这种力量，人才能在精神中生活。

◇

在人性流露的时刻，精神是人类对"你"的回答。人类有许多喉舌，语言的、艺术的、行动的，但只有精神是对那个在神秘中现身、从神秘中说话的"你"的回答。精神是话语。说出的言语先在人脑中形成话语，然后才能在喉咙中发出声响，但两者都只是对真实过程的折射，实际上语言并不潜藏在人们体内，而是人们站在语言内部，向语言外面说话——所有的言语都是如此，所有的精神也都是如此。精神不在"我"之中，而是在"我"和"你"之间，它不像你体内循环的血液，而是像你呼吸的空气。如果一个人想要回应自己的"你"，他就需要生活在精神之中。如果一个人带着自己的全部本质进入关系，他就可以生活在精神之中。仅仅借助关系的力量，人就可以生活在精神之中。

但关系进程的命运却是非常动荡的。那个回

答越是有力，它就越与"你"紧紧束缚在一起，越难成为对象。只有对你沉默，所有喉舌都对你沉默，只有在没有成形、未经区分、无法交流的话语里，"你"才会得到解脱，然后和沉默站在一起。精神在这里无法显露，却依然存在。所有的回答都会将"你"束缚在"它世界"。这就是人类的悲情之处，也是人类的伟大之处。因为只有这样，认识、作品、图像与榜样才会在活着的人中间产生。

成为"它"的事物变成了僵化之物中的一个，却也有了一种意义和使命，也就是不断恢复原状。一次又一次——就像在精神的时刻，精神对人类开敞，要求其做出回答——对象也要被点燃成为当下，回归组成它的元素，被人类当作当下来看待、来生活。

这种意义和使命的实现总是受到人类的阻碍，他们满足于将"它世界"视为用以体验和加以使用的世界，不会释放那些束缚在这个世界里的事物，只会压抑它们；不会注视它们，只会观察它们；不会接受它们，只会利用它们。

认识意味着：凝视对面的事物，认识到其本质。在当下凝视的时候，必须将事物理解为对象，与其他对象进行比较，与其他对象排列起来，以对象的方式加以描述和分解，只有作为"它"的事物才可以存在于认识之中。但在凝视中没有万物，没有过程，只有当下。本质并不在于通过现象推导出的法则，而在于现象本身。这只是普遍事物中的一个，被人当成特别的一个、当成对面的事物来注视。现在这个事物以"它"的形式进入了概念性的认识。如果再次将它分解出来，再以当下的方式注视它，这次认识活动也就实现了现实与影响之间的意义。但人们也可以靠其他方式获得认识，人们确信，"它就是这样运作的，这个事物就叫这个名字，它是这样被创作出来的，它属于那里"，也就是让事物变成"它"并让事物保持"它"的身份，体验它，使用它，利用它开展"了解"世界的活动，然后用它"征服"世界。

艺术也是如此：艺术家在注视对面之物的过程中得到形象。他将形象束缚在图像里。图像并不存在于众神的世界，而是处在人类辽阔的世界里。即便没有任何人类的眼睛在寻求它，它也依然"存在"，但它陷入了沉睡。有一位中国诗人说人们本来不愿意聆听他用玉笛吹出的歌，于是他就为众神演奏，他们报以倾听。自那以后人们也愿意听他的歌了——因此，他借由神灵遇到了建立起某种构筑的不可或缺的成分。在与人相遇后，这种构筑看起来如在梦中，但它挣脱了束缚，在永恒的一瞬间掌握了形象。然后人走了过去，体验到可以体验的一切：它是这样塑造出来的，或者是它表达了这些内容，或者是它的质地是什么，再或者它可以列为什么样的等级。

这并不是说科学和美学的理智就不是必需的，但它们要忠于作品，潜入那超越理智的却包含了理智的关系真理之中。

第三种情况超越了认识的精神和艺术的精神，转变为纯粹的活动和不受五官影响的行动。因为终有一死的肉身之人不再需要持存的材料用以建筑，而是自身比构筑存续得更久，陶醉于自己美妙的音乐，飞上精神的星空。在这里，那个"你"从深邃的神秘中向一个人现身，从黑暗中对他倾诉，而他以自己的生活作为回答。话语不断地变为生活，而这种生活无论是实现了法则，还是打破了法则——为了让精神不在大地上死灭，这两者都是有必要的——它都是一种教诲。它们屹立在后代的面前，不是要教会他们那是什么和那应该是什么，而是要教会他们如何在精神中、如何面对"你"生活。也就是说：它已经准备好随时变成他们的"你"，向他们打开"你世界"；不，它不仅仅是准备好站在原地，它还不断地前来触碰他们。他们却觉得打开世界的生动交流是无趣也无用的，不想了解详情。他们以历史囚禁人物,以书籍囚禁话语;他们将法则的实现与打破编成法典;他们心怀贪婪,却没有忘记崇敬甚至是祷告,还掺杂了那种足以喂饱现代人的心理学因素。黑暗之中星辰一般的孤寂脸孔啊,麻木额头上生气勃勃的手指啊,渐行渐远的脚步声啊!

◇

对体验和使用能力的训练往往会削弱人的关系力量。

一个把精神当作享乐手段的人,会如何对待生活在他身边的本质呢?

他站在那个"我"与"它"的基本词下面,将自己与他人的生活划分成两个泾渭分明的区域:规则区与感受区。也就是"它"的区域和"我"的区域。

规则区是"外在的",人们因自己的目的在

里面停留、工作、谈判、施加影响、采取行动、参与竞争、进行组织、经商、任职并祈祷。这是一个基本上有秩序、在某种程度上保持着协调的结构。人们在自己头脑和身体多方面的参与下，完成各个事项的流程。

感受区是"内在的"，人们生活在其中，离开规则区来到这里休息。在这里，情感的光谱在深感兴趣的目光前摇摆，人们享受自己的爱好和仇恨、自己的欲望和痛苦（如果这不会让他太难受）。人们就像回到了家里，摊开身体躺在摇椅上。

规则区是一个复杂的广场，感受区则是一间不断变化、异常丰富的深闺。

当然，两者之间的界限并不分明，因为放肆的感受有时候会闯入最实事求是的规则里，但规则总是用出色的意志力对它加以克制。

最困难的就是划定一条所谓个人生活的边界。这一点在婚姻中就很难做到，但边界依然存在。而在所谓的公共生活中，边界就非常清晰。你可以观察到，在党派大选的年份，甚至在超党派的团体和各种"运动"的选举年份，就可以在声势浩大的会议——两者都一样频繁，无论是纪律严明还是组织松散——和民间的实际运作过程中看到人们彼此之间的分裂。

但分离出去的规则之"它"是个傀儡，分离出去的感受之"我"是一只四处飘飞的灵魂之鸟。两者都对人类一无所知，一个只知道案例，一个只知道"对象"，没有一个了解人，了解共性。两者都对当下一无所知：一个即使是在最现代的状态下，也只是僵化的过去，是已经完成的存在；另一个即使是在最持久的状态下，也只是飘飞的一瞬间，是尚未出现的存在。两者都无法通往现实生活。规则无法提供公共生活，感受也无法提供个人生活。

越来越多的人意识到规则无法提供公共生活，他们意识到这一点的时候也越来越痛苦，这就是我们这个时代不断寻觅的开端。但只有很少的人明白感受也无法提供个人生活，似乎所有最为个人化的东西都栖息于个人生活。而且如果你像一个现代人那样学会了放纵自己的感受，对感受虚假性的绝望也不能教会你追求更好的东西，因为绝望也是一种有趣的感受。

因为规则无法提供公共生活，所以人们想到了一种方法：人们必须用感受使规则松动、融化或爆炸，人们必须用感受更新它们，将"感受的自由"引入规则之中。如果自治国家无法将本性各异的公民会聚到一起，带领他们向前发展，那么就以一个充满爱的社群代替它；如果人们出于高涨的自由感受聚到一起，想要一起生活，那么也就有了充满爱的社群。但实际情况不是这样，真正的社群不是因为人们拥有对彼此的情感而产生的（虽然它显然也离不开这种情感），而是因为两个条件而产生：他们必须都与某个生动的中心维持生动的相互关系，他们之间也必须维持生动的相互关系。第二个条件源于第一个，但还需要别的条件。生动的相互关系包括情感，但并不源于情感。社群建立在生动的相互关系之上，但它的建筑师是正在发挥鲜活影响的那个中心。

就连所谓的个人生活的建设也不能因为对自由的感受变得焕然一新（虽然它显然也离不开这种感受）。婚姻不可能因为某个他者焕发新生，因为真正的婚姻一直都是：两个人向彼此揭示"你"。这个"你"没有建立两人中的任何一个"我"，却建立了婚姻。这就是爱情的形而上学和心理学因素，而爱的感受只是伴随而来的产物。想要借助他者使婚姻焕发新生的人在本质上就等同于那些想要放弃婚姻的人：两者都展现出他们不再能认出上文提到的爱情的形而上学和心理学因素。事实上，如果观察历史上所有备受谈论的爱情故事，就会发现一切都与"我"相关，也就是说，一切都是关系。对"我"来说，当下根本没有他者；对他者来说，"我"在当下也不存在，只是一方在借助另一方让自己得到享受，除此之外还能有什么？

真正的公共生活与真正的个人生活是两个紧密相连的架构。在它们成形和绵延下去的过程中，需要感受以变换自己的内容，需要规则以变换自己稳固的形式，但这两者在一起还不足以创造出人类的生活，还需要第三者来完成这一切，需要那个处在当下中心的"你"，更确切地说，是那个处在当下、作为中心被接受的"你"。

◇

基本词"我—它"原本没有恶意——就像物质不会有什么恶意一样，但它有可能会造成恶意。如果人类被"它"统治，不断生长的"它世界"就会吞噬人类，人类自己的"我"将失去真实性，直到迎面而来的梦魇与体内的心魔互相耳语，将人类推入不可救赎的深渊。

◆

——但现代人的公共生活不是有必要沉降到"它世界"里吗？难道公共生活的两大方面，经济和国家，考虑到它们当下的规模和当下的具体结构，不正是应该建立在另一种基础之上，放弃所有"直接性"，坚决回绝所有"外来事物"和并非出身本国的管理者？如果统治国家的是体验的和使用的"我"，在经济方面使用利润与成果，在政治方面使用观点和追求，那么这两个领域里广泛、坚固、庞大的"客观"的构筑结构是不是都要归功于这个权力无限的领袖呢？是的，政治和经济的领导者并没有把他要对待的人当作那个不可体验的"你"的承载者，而是当作了成果的中心和追求的中心，他们以自己特殊的能力对他们加以计算和利用，难道这不正是他们的伟大之处吗？如果他们试着把他们的世界从"他+他+他"等于"它"换成"你""你""你"相加而得出"你",他们的世界不就崩溃了吗?这是不是就是以业余者的修补对抗大师的塑造,以迷雾般的幻想对抗明亮的理性?如果我们把目光从领导者转向被领导者,在现代的工作方式与现代的居住方式中,面对面生活的痕迹和意味深长的相遇是否已经消失了呢?想要扭转局面的想法也显得荒谬——如果这一荒谬之事实现,文明那巨大的精密仪器也将立即被摧毁,而唯有它在,这些依然在飞速增多的人口才有可能生活。

——上述这番言论是否讲得太晚了?刚刚你还可以自圆其说,现在你已经做不到了。因为就在不久之前,你与我一起见证了这个国家的失控,烧炉工还在铲煤,但司机只能假装还控制着飞速行驶的列车。在不久之前,就在你和我说话的时候,我们都听到了经济的手柄发出了不同往常的轰响,工人们轻蔑地对你笑,但死神已经坐在他们的心里了。他们告诉你,他们能掌握这台机器的运转;但你注意到他们只能在自己忍受的范围内适应这台机器。他们的发言人教导你,说经济继承了国家的遗产;你知道它继承的只是那个疯狂蔓延的"它"的暴政,在它下面,"我"的权力一再被削弱,却还梦想着自己才是主人。

  人类的公共生活就像其自己一样离不开"它世界"——而"你"的当下飘在上空,就像幽灵飘过水面。人类的利益意志和权力意志只要与人类的关系意志互相结合,就可以得到关系意志的承载,发挥出自然且正确的作用。除非欲望脱离了本质,否则不会有邪恶的欲望;与本质相连、由本质决定的欲望是公共生活的血浆,脱离了本质的欲望却是公共生活的毁灭。经济是利益意志的化身,国家是权力意志的化身,只要它们可以参与到精神之中,它们就可以参与到生活之中。如果它们抛弃精神,它们也就弃绝了生活:生活当然会给自己时间处理自己的事情,有一段时间人们还以为自己看到了某种构筑,但那里早就是一团旋风了。直接性的介入实际上并没有什么帮助，组织严密的经济或组织严密的国家正在不可阻挡地走向溃散，因为它们不再支持那种说"你"的精神，边缘的波动无法取代中心鲜活的关系。人类公共生活的构筑是因为充盈的关系力量才有了生命，这种力量贯穿了人的所有肢体，令他的肉体形式和这一精神力量结合在一起。政治家和经济学家驯顺地对待精神，他们并非不明白这一点。他们很清楚，他们不能将他们要对待的人直接看作对面之"你"的承载者，这样他们的功业就会烟消云散。但是，虽然没有这么直接，他们还是敢于在精神的边界试探，因此精神就为他们划定了一道边界，而本可以击破分离之构筑的冒险就被"你"的当下所荫蔽。他们没有为此陶醉，他们服务于过分理性的真理，不违反理性，反而将理性紧抱在怀里。他们在公共生活中的作为与在个人生活中没有什么不同，知道自己完全没有能力实现纯粹的"你"，却还可以每天以"它"的形式保存"你"，根据当天的法律和规则，每天重新划定边界，发现边界。因此，工作和财产本身是无法带来解脱的，只有精神可以带来解脱；只有当精神在场的时候，所有工作才会充满意义和快乐，所有财产才会显得令人敬佩、值得献身。许多事情都是如此，不是突然就使一切满盈——但可以使所有工作者和有产者停留在"它世界"，同时又使自己站在精神的对面，展现为一个"你"。就算在最危险的时刻也没有后退的打算，也只有在这样的时刻才能产生意料不到的突破。

至于是国家管理经济还是经济命令国家，只要这两者都没有产生变化，这个问题就是无关紧要的。至于国家的制度能否更为自由，经济的规则能否更为公正，这个问题是很重要的，但不属于我们现在提出的关于现实生活的问题，它们不可能自发地变得自由和公正。说出"你"以及回答生活与现实的精神是否还存在；如果存在，它还能将什么带入人类的公共生活？无论是臣服于国家和经济，还是独立发挥作用；它还留存在人类的个人生活中的部分是否会与公共生活合为一体？这些问题都很重要。如果将公共生活划分成许多互不关联的领域，而"精神生活"也属于其中一个的话，这一切显然就都不重要了。这意味着那些沉降进入"它世界"的领域最终屈服于暴政，而精神则完全失去了现实性，因为精神无法在生活中产生独立的影响，而是要经由世界，以它那变化多端的力量穿透"它世界"。当精神面对向它开敞的世界的时候，将自己献身给世界，拯救了世界，它才真正适得其所。如今那些涣散、衰弱、退化、矛盾的狡黠取代了精神，它们要找回精神的本质，必须先找回说出"你"的能力。

◇

因果关联以至高无上的地位统治着"它世

界"。所有可以被感官感受到的"物理"过程还有可以在自我体验中发现和找到的"心理"过程都可被归为原因和结果。此外,那些可以设定一个目标进行测量的过程也属于"它世界"连续进程的一部分:这种过程可能具有目的论色彩,但只会影响部分因果关联,不会损害整个相关事件的完整性。

因果关系在"它世界"里居高临下的统治地位对于自然科学的秩序至关重要,却不会对人类造成压制(因为人类并不局限于"它世界"),反而会把人类反复推回关系世界。在那里,"我"与"你"自由地面对面站立,相互影响,不受任何因果关系的制约和侵染;在那里,人类发现了自由的本质。只有了解关系、通晓"你"之当下的人才有能力做出决定。有能力做出决定的人是自由的,因为他来到了上帝的面孔前。

我的所有渴望如火焰般熊熊燃烧,我所有的可能性都以原始的方式盘绕在一起,像是无法分开，潜能那诱人的目光从所有的方向闪烁，万物都是诱惑，我，进入了此刻，双手伸进火焰深处，去抢救埋藏在这里的我自己和我的行动：此刻！堕入深渊的危险已经没有了，许多没有核心的事物不再反复叫嚷它们的要求，只剩下两者并肩站立，一个与另一个，虚妄与使命。但直到现在我心中才有某种事物实现。因为如果只做一件事情而搁置另一件，这就不叫做出决定，这样火焰就会熄灭，我的灵魂就会一层层被腐蚀。只有将做一件事情的全部力量吸引出来去做另一件事情，在选中之物的实现过程中引入未选中之物那不懈的热情，只有"以邪恶的冲动服务上帝"，才算做出了决定，决定了进程。如果能理解这些，也就能明白为什么这一切会被称为正确和公平的，因为有人在判断方向、做出决定：如果真有恶魔存在，它也不会对抗上帝，而是永远也做不出决定。

　　因果关系不会压制住拥有自由意志的人。他

知道终有一死的生活本质就是在"你"与"它"之间摇摆，感受它们的意义。他无法在圣地久留，因此满足于在门槛上迈入又迈出；是的，他不得不一再离开那里，这就是生活内部的意义与命运。在那里，在门槛上，那句回答不断地在他的体内燃烧出新的火花，那就是精神；在这里，在非神圣却又必不可少的国度，他需要珍存火种。这里所谓的必然性无法吓退他，因为他在那里认识到了真正的事物，也就是命运。

命运与自由互为前提。只有实现了自由的人才会遇见命运。我在其中发现所谓的"我"的行为，秘密在自由的相遇中对我揭示；但即便在我不这么做的时候，即便在我无法实现相遇的时候，秘密也会在阻力中对我揭示。如果忘记了所有因果存在，从心里做出决定，如果抛弃了财富和衣装，赤裸地走到上帝的面前：注视这位自由者的就是命运，作为他自由的映像。命运不是自由的边界，而是自由的补集；自由与命运交汇构成意义；刚刚还目光炯炯的命运注视着意义的内部，就像恩赐本身。

不，因果的必然性无法压制住带着火种回到"它世界"的人类。在人类依然过着健康的生活的时代，信心从所有过着精神生活的人们身上涌向了所有人。所有人，即便是最愚昧的人也以某种自然、冲动和朦胧的方式经历了相遇和当下。所有人都在某处察觉到了"你"，然后精神对他们来说就是一种保障。

但在病态的时代，"它世界"不再被来自"你世界"的鲜活激流所贯穿、所浸润——它受到了分隔与阻塞，一个巨大的泥沼幻影，征服了人类。因此人类置身于一个不再能够经由自己变为当下的对象世界，并屈服于这个世界。于是常见的因果关系变得越来越具有压制力，带来越来越压抑的灾难。

所有规模庞大的文明体都建立在原初的相遇事件之上，建立在它们的源头所必需的对"你"

的回答之上，建立在精神的本质行为之上。精神的本质行为因为后代的不懈努力而得到强化，在精神领域创造出了对宇宙的独特理解——只有通过精神，人类的宇宙才有可能不断出现；只有在这个时候，人才能怀着受到抚慰的灵魂，按照自己的理解建立起上帝家宅的空间和人类家宅的空间，才能以新的赞美诗和歌谣填满摇摆不定的时间，将人类自己的社群建设成形。但只有当他在生活中还在做出本质行为、接受本质行为的时候，只有当他保持在关系中的时候，他才是自由的，因此也是富有创造力的。如果一个文明的中心不再是鲜活的、不断焕发出新生的关系进程，那么它就会僵化为"它世界"，只是当零星的精神行为的火花爆发的时候，才会偶尔有所突破。从这一刻开始，之前无法影响精神对宇宙的理解的常见因果关系开始越来越具有压制力，带来越来越压抑的灾难。掌舵的命运是智慧的，它决定了宇宙意义的充盈，统治着所有的因果关系，但在这时反而变成了反对意义的魔鬼。所谓的因果报应对于以前的人是有益的补偿——因为我们在此生做的事情可以帮助我们在下一世进入更高的境界——现在却被认为是一种暴政：我们并不知晓的前世的作为可以让我们在此生身陷囹圄，无法逃脱。从前的天空依照意义的法则，绕着必然性的转轴旋转，现在这里却只笼罩着行星那无意义的、奴役世人的暴力；只有正义，上天的"轨道"和我们的轨道还在运作，使自由的心灵居于命运的尺度——我们一如既往地强迫自己，我们所有人都背上了死去的庞大世界的全部重担，我们这些远离精神的无家可归者，对救赎的热烈渴望在许多次尝试后最终宣告失败，直到有人教导我们挣脱不断诞生的轮回，或另一个人教导我们以上帝之子的自由拯救我们在权力面前俯首帖耳的灵魂。这些功业来自新的相遇事件，它们拥有了实质，是一个人在命运的决定之下对"你"说出的新回答。在这一位于中心的本质行为发挥作用的时候，一个文明可能会被另一个光彩焕发的文明取代，也可能会使自己重新焕发出生机。

我们时代的病态却与之不同，它集所有问题于一身。文明的历史并不是永恒的竞技场，一个个赛跑选手奋勇又毫无预感地丈量着相同的死亡跑道。有一条无名的道路贯穿了它们的起起落落。没有所谓的前进与发展之路，下行的道路有可能走过精神深谷的旋梯，也有可能升起变成内心深处最细腻、最纠葛的旋涡，那里没有前进也没有后退，只有闻所未闻的颠覆，也就是突破。我们一定要走到这条路的尽头，走向最后的黑暗考验吗？但有危险的地方也有救赎在生长。

我们这个时代的生物学与历史学思想看起来非常不同，却有一种共同的影响，它们制造了一种对灾难的信仰，比以往对灾难的信仰还要更坚定、更压抑。统治人类命运的不再是因果报应，也不再是星象流转；许多力量都要求统治权，但如果仔细看待它们，就会发现大多数同时代人都信仰一种混杂的体系，就像罗马晚期信仰多神教一样。比如，"生存法则"认为一切都是战争问题，任何不参与斗争的人都不得不放弃生命；而"灵魂法则"不断地用与生俱来的习惯性欲望建立一个人的心理学人格；再比如，"社会法则"认为一切都是一系列从不间断的社会进程，意志力与意志本身都无法发挥主导作用；还有"文化法则"认为历史事件的形成与消逝都是不可阻止的匀速过程。无论是以什么形式出现，它们的意思永远是在说，人类身处一种无法逃脱、不可分割的进程之中，只能不加以抵抗，否则就会陷入疯狂。神秘的受职仪式摆脱了星辰的束缚，能够带来认识的婆罗门献祭摆脱了因果报应的束缚，二者都为自己建立起了救赎；但混合的神祇不容许任何对自由的信仰。想象自由是愚蠢的；人们只能在顺从地被奴役和绝望地反抗却依然被奴役中做出选择。在所有这些法则中，也有许多目的论的发展过程和有组织的生成过程，但它们还是太过沉迷于那种至高无上的因果过程。这些过程的普遍教条就是人类在不断蔓延的"它世界"面前的退位声明。命运的名字被人类滥用了：命运不是罩在人世之上的一口钟；只有从自由中走出来的人才能与它相遇。这些过程的教条却没有给自由留下余地，不允许自由以最现实的方式揭露出来，以它镇静的力量改变大地的面貌——颠覆。教条不认识奋力颠覆的人类，这些人以颠覆撕碎了习惯性欲望的幻觉；以颠覆打破了阶级的禁锢；以颠覆动摇和改变了稳固的历史事件，使它们变得年轻。这些过程的教条在它的棋盘上只允许你做出这样的选择：是观察规则还是被淘汰出局；但颠覆者将角色翻转过来。教条只允许你在生活中充满约束，在灵魂中"保持自由"；但颠覆者会轻蔑地将这种自由看作最卑鄙的奴役。

唯一能将人类抛入灾难的就是对灾难的信仰：它阻断了颠覆的运动。

对灾难的信仰从一开始就是一种错误的信

仰。所有对过程的观察都只不过是对已经完成之物、对分离出来的世界进程、对历史的对象性的编排；它无法通向"你"的当下和彼此相连的生成过程。它不认识精神的真相，它的模式对精神并不适用。出自对象性的预言只对那些不认识当下的人来说是有效的。被"它世界"征服的人们才会在这些不变的过程的教条中看到越来越澄澈的真理；实际上这只会让他们更深陷于"它世界"。但"你世界"并没有闭合。如果有人带着全部的本质和复活的关系力量走向它，他的心里就会拥有自由。挣脱不自由的信仰才能使人自由。

◇

当一个人唤出梦魇的真实名姓的时候，他就有了战胜它的力量，"它世界"也是如此，比起渺小的人类力量，它可以说是非常可怕的，但如果有人认出了它的本质，就可以战胜它：它不过就是分离和异化，从这个世界奔向另一种充盈的世界，遇见每一个尘世间的"你"；这些"你"有时候就像圣母一样庞大而可畏，但永远带有母亲般的温柔。

——如果在自己的内心里——在实现了的"我"内部——盘踞着一个幽灵，我又该如何得到称呼梦魇之名的力量呢？如果好动的鬼魂一直在关系的废墟上踩踩踏踏，一个生命又怎么能重建起关系的力量呢？如果分离出来的"我"的欲望不断地将我赶入虚空，我又如何聚集起我的本质呢？如果我生活在专权之下，我又如何在内心得到自由呢？

——就像自由与命运彼此相属，专权与灾难也彼此相属。但自由与命运互为前提，融汇成意义；专权与灾难分别是灵魂的幽灵和世界的噩梦，它们互相容忍、擦肩而过、躲避彼此、没有关联、没有摩擦，属于无意义的范畴——直到某个瞬间它们恼怒地对视，不得不承认它们没有带来救赎。为了保护甚至只是隐藏这个事实，今天的人们铺陈了多少狡黠的言辞和艺术！

　　自由的人不会渴望专权。他相信真实，也就是说：他相信"我"与"你"之间真实二者的真实联系。他相信定数，也相信定数需要他：不是在束缚他，而是在等待他，他必须走向它，虽然还不知道它在那里；但他知道他必须带着全部本质走向它。一切不会就像他的决心一样顺利，但只要他做出了决定，清楚他想要什么，它就一定会实现。他必须将自己渺小的意志，将那些不自由的、受物质和欲望管辖的意志献祭给自己伟大的意志，那种伟大的意志走上了命定的道路，遵循着定数。他不再干涉定数，却也不是任其发生。他倾听自己体内生成的事物，倾听这个世界上本质的道路；不是为了将这些承载在体内，而是要去实现它们，他这个被定数需要的人要去实现它们，以人类的精神和人类的行为，以人类的生活和人类的思维。我说"他信仰什么"，意思却是：他遇到了什么？

　　专权之人不会信仰什么，也不会遇到什么。他不知道联系，他只知道如何利用外面那狂热的世界和他心里狂热的欲望；只需要给被利用者安上一个古老的名字，他就变成了神灵中间的一位。当他说"你"的时候，他的意思是"你这个可以被我利用的人"；被他称为定数的事物，只是他能利用的范围内的工具和手段。实际上他没有定数，只是一个被欲望决定的存在，他以唯我独尊的统治，也就是所谓的专权来实现这个存在。他没有伟大的意志，只有专权，他将自己献给了专权。他完全没有能力做出牺牲，尽管他总是把牺牲挂在嘴边；你会发现他从来都不是具体的。他向前伸手干涉，但目标却是"顺其自然"。这样的人是不是喜欢对你说，他是在帮助命运的定数，是在使用可以使用的手段达成这个目标？他也会这样看待自由人；他没有办法以别的方式看待他们。但自由人并没有目标，所以也没有使用手段；他只能做一件事情：只靠着自己的决定，一步一步走向他的定数。他理解自己的决定，他时不时就要做出决定，在每个路口都要重新做出决定；但他宁可相信自己已经死去，也不相信有伟大意志的决定不得不借助手段才能实现的事情。他信仰；他相遇。但以不信仰一切为特征的专权之人只能感知到不可信的事物与专权统治、对目标的设定和对手段的思索。没有牺牲，也没有恩赐，没有相遇，也没有当下，他们的世界是一个目的化和手段化的世界，它只能是这样，这就是灾难。在唯我独尊的统治中，他几乎是不可避免地陷入了不真实的领域。只要他反思自己，他就能明白这一点——因此他使用自己最为出色的狡黠，防止自己进行反思，甚至是遮蔽这种可能性。

但对于堕落存在的反思，对于那个去现实化的"我"和现实的"我"的反思却能将根须探入土壤，人们称那里为绝望，但自毁与重生从那里生长而出,那就是颠覆的开端。

◈

《百道梵书》讲述了一场天神与魔鬼之间的争辩。魔鬼说:"我们能把祭品带给谁呢?"然后把所有的祭品都塞进了自己的嘴里。天神却将祭品送到彼此口中。就在这时,造物之主梵天将自己献给了众天神。

◈

——"它世界"可以靠自己生存,也就是说,不受"你世界"的影响和销蚀,因此它异化为梦魇也是可以理解的事情。但你说的人类之"我"的去现实化是如何实现的呢?无论是否生活在关系之中,"我"都埋藏在我的自我意识之中,它就像一根坚韧的金线,串联起不同的状态。无论我现在说"我看到你"还是"我看到一棵树",也许这两种"看"的现实程度有所不同,但两句话中的"我"都是一样现实的。

——那我们就来检验一下是不是这样。语言形式证明不了什么,也有许多人虽然说的是"你",但根本上说的是"它",可能是出于习惯或是愚钝才说"你";还有许多人虽然说的是"它",但根本上说的是"你",在许久以后,人们才会回想起那一当下的全部本质。因此有无数的"我"只是一个必需的人称代词,只是一个对"正在说话的那个人"的必要的缩略称呼。但自我意识呢?如果一个句子提到的是真正的关系之"你",另一个句子提到的是经验之"它",说出这两句话的自我意识是同一种吗?

基本词"我—你"中的"我"与基本词"我—它"中的"我"不同。

基本词"我—它"中的"我"作为个体出现,意识到自己是(体验与使用的)主体。

基本词"我—你"中的"我"作为本性出现，意识到自己是（没有任何所有格的）主体性。

个体出现的时候与其他个体分离。

本性出现的时候与其他本性产生关系。

一个是自然属性的精神塑造，另一个是自然联系的塑造。

分离的目的是体验和使用，体验与使用的目的是"生活"，意思就是在人类寿命的期限内坚持活过一生。

关系的目的是它自己的本质，也就是：触及那个"你"。因为触及每一个"你"都会为我们带来一丝永恒生活的气息。

处在关系之中的人就参与到真实之中，意思是：他参与到一种存在之中，它不仅仅与他相关，也不仅仅是在他体外。所有的真实都是一种我可以参与却不能拥有的影响过程。没有参与的人就没有真实。与"你"的接触越是直接，参与的过程就越完美。

"我"因为参与到真实中而变得更加真实。参与的过程越是完美,"我"就变得越真实。

但走出关系世界、走入分离状态和分离的自我意识的"我"也没有失去真实性。参与的过程依然鲜活地保存在他的体内。如果要用一句非常通用的话描述这种至高的关系,那就是"种子保存在他体内"。这是属于主体性的领域,"我"的连接与"我"的分离在这里融汇起来。真正的主体性只能理解为一种动态的过程,"我"在它孤寂的真理中来回摇摆。也正是在主体性的领域里,产生了对更高、更无条件的关系的渴望与对某种存在的完美参与的追求,并在这里爆发而出。本性精神的本质在主体性里成熟。

本性意识到自己是存在的参与者,是共同存在者,因此也是一个存在者。个体意识到自己不过是一个存在者。本性说:"我是。"个体说:"我是这样的。""认识你自己"对本性来说意味着认识你自己的存在,对个体来说意味着认识你这样的存在。如果个体与其他事物分离，它也就远离了存在。

这并不是说本性多少"放弃"了自己分离的存在和不同的存在，只是它们不处于目光的关注点，只是存在于那里，只是存在于一个必要而充满意义的表达中。与之相反，个体则享受它的分离存在，更准确地说是享受它为自己建造起来的、虚构的分离存在。因为认识自己对它来说从根本上可能只意味着：一种有力的、足以自圆其说的自欺幻象，并在观察和崇拜这种幻想的过程中创造出对自己这样存在的认识；对这样的存在的真正认识却会导致人类走向毁灭——或者是带领人类走向重生。

本性注视它本身，个体关注"我的"：我的方式，我的种族，我的创造，我的天才。

个体不参与任何真实，也无法得到任何真实。它与其他事物分离，尽自己的全力，通过经验和利用占有尽可能多的东西。这就是它的动态过程：分离和占有，两者都作用于"它"，都作用于不真实的领域。这样认识到自己的主题可能会拥有许多东西，但它们无法生长为实质，依然是零散的和功能性的，是用以体验和加以使用的，仅此而已。他那些繁多丰富的"这样的存在"还有他勤奋的"个体"都不能帮助他制造出实质。

世界上不存在所谓的两种人，但存在人格的两极。

没有人是纯粹的本性，也没有人是纯粹的个体；没有人完全真实，也没有人完全虚妄。每个人都以双重的"我"生活。但有些人特别受到本性支配，就被称为本性；有些人特别受到个体支配，就被称为个体。真正的历史就在这两者之间展开。

人类和人性越是受到个体的统治，"我"就在虚妄之中沉陷得越深。在这样的时代，本性在人类体内和人性表露中变成了一种地下的、隐藏的、几乎没有用处的存在——直到它再次受到召唤。

◇

基本词"我—你"在人类的双重之"我"中越是强烈,人就越体现为本性。

在他说出了"我"之后——然后,他说的"我"到底是什么意思——这个人属于什么类型,要去往何方就已经确定了。"我"是人性的暗号。

只要听一听就会知道!

自我人类的"我"是多么刺耳!如果它出自一张悲惨的、隐瞒自我矛盾的人类之口,它会激发深厚的怜悯。如果它出自一张非常混乱和矛盾、无忧无虑也无知无识的人类之口,它会激起恐惧。如果它出自一张虚荣而圆滑的人类之口,它就会令人感到尴尬和反感。

想要以首字母大写的形式拼写出这个分离之"我"的人,就揭示了使世界精神沦为狡黠的耻辱。

但苏格拉底那依然富有生机、令人难忘的

"我"听起来却是多么动听和悦耳！那是无穷对话中的"我"，对话的氛围伴随着它走过所有道路，甚至是来到法官面前，甚至是在最后被监禁的几小时里。这个"我"生活在与人类的关系之中，在对话中得到了实现。它相信人类的真实性，与真实的人类交往。因此它与人类一起生活在真实之中，真实永远也不会抛弃它。它的孤寂绝不意味着被抛弃，如果人类的世界在它面前噤声，它就会听到魔鬼说"你"。

歌德那饱满的"我"听起来是多么动听和悦耳！那是与自然浑然一体的"我"，自然献身于"我"，不断与"我"交谈，向"我"敞开自己的秘密，却又没有完全将秘密泄露给"我"。"我"相信自然，与玫瑰交谈："那么这就是你。"——因此"我"与玫瑰一起生活在真实之中。当"我"回归自身，真实的精神依然保留在"我"体内，太阳的影子映在幸福的人眼里，让"我"回忆起灿烂的阳光，自然元素的友谊伴随

"我"进入死与生的寂静。

苏格拉底与歌德说出了那个"充盈、真实、纯粹"的"我",他们的声响贯穿了世代。

在无条件的关系中,我们再举一个例子:耶稣说出的"我"是多么有力,甚至是具有压倒性的,却又是多么悦耳,仿佛自然而然!因为这是无条件关系中的"我",这是一个人对父亲说出的"你",因为他自己只是儿子,也永远都是儿子。他每次说"我"的时候,说的都只是那个神圣的基本词中的"我",因此他进入了无条件的关系。即便有分离的冲动在影响他,联合也会越来越壮大,他只会从联合中对别人说话。你们徒劳地试图将这个"我"限制为我们自身的力量,将这个"你"限制为我们心中的住客,一再使真实的事物和当下的关系经历去现实化:但"我"与"你"永存,任何人都可以说出"你"而成为"我",任何人都可以说出"父亲"而成为"儿子",真相永存。

◇

——那么，如果一个人的使命让他只认识到了他与他事业的连接，却没有认识到和某个"你"的真实关联，没有认识到"你"的当下性，那么一切都变成了他眼里的"它"，也就是可以服务于他的事业的"它"，又会怎么样呢？拿破仑说出的"我"又属于什么情况呢？难道它就不悦耳了吗？这种体验与使用的存在不能称为本性吗？

——实际上，那个时代的那位先生显然并不知道"你"的这些维度。有人曾做过正确的描述：所有本质对他来说都是价值[1]。他曾经较为温和地将他倒台以后否认他的随从比作彼得，但他却没有否认任何人，也不可能否认任何人，因为他了解任何人的本质。他是百万人眼中魔鬼般

1　原文为法语。

的"你",他不做出回答,以"它"回答"你",以虚构的本性回答——也就是说在他的范围之内,在他的事业里,只以行动做出回答。这就是根本的历史局限性,表达关联的基本词失去了真实性,也失去了互相影响的特征:这个魔鬼般的"你"无法成为"你"。这个位于本性和个体之外的第三者既不属于自由的人,也不属于专权的人,甚至也不在二者之间,这个第三者是命运时刻的命运产物:一切都冲着他闪耀,他自己却站立在冰冷的火中;千万人涌向他,他却没有与任何人产生关系;他没有参与真实,却又被无数人当作一种现实参与。

他很可能是将身边的本质看作了有着不同功能的马达,经过计算和利用以后可以帮助他完成大业。他看待自己也是一样(只是他的作用力还需要不断的实验,他还没有了解到自己的极限)。他把自己也变成了"它"。

因此,他说出的"我"不会是富有生机、印

象深刻和非常饱满的，但也没有（就像现代的自我之人一样）带来幻灭。他根本不谈论自己，他只说"从自身说起"。他说出和写下的"我"只是表达确认与命令的句子的必需主语，仅此而已。他没有主体性，但也没有那种沉湎于"这样的存在"的自我意识，因此才没有发疯或是产生自我幻想。"我是一块时钟，存在却无法认识自己"——他这样表达自己的命运，表达现象的真实性和"我"的不真实性，在他被迫中断了自己的事业以后，他才不得不谈论自己和思考自己，才开始沉思他的"我"——这个"我"也直到这时才出现。出现在眼前的不是单纯的主体，但也还没有陷入主体性，被祛除了魔力，但也没有得到揭示，于是它说出了那句可怕的、悦耳却又不是那么悦耳的话："上天在看着我们！"最终又重回神秘。

在这样的激流勇进与这样的快速陨落之后，谁还敢宣称这个人理解了自己那非凡的、可怕的使命——或者是说，他误解了它？可以确定的是，那个将魔鬼与缺乏当下性的人物作为榜样的时代误解了他。那个时代不知道，统治它的是命运与事件的完成，而不是权力的爆发与权力的享受。它因为他额头上显露出的威严感到振奋，却没有认出烙在上面的图画，它们就像钟表盘上的指针一样立在那里。它努力模仿一种看待本质的目光，却不理解自己的困境与必需性，用这个"我"的严格事实取代了酝酿的自我意识。"我"这个词依然是人类的暗号。拿破仑说出它的时候没有关系的力量，但他将"我"说成了一种执行完成的"我"。如果有人竭力模仿他说话，只会陷入无药可救的自相矛盾。

◇

——什么是自相矛盾？
——如果人们不能把关系的先验性保留在这个世界上，不能在遇见的事物上影响并实现那个与生俱来的"你",它就会进入内心。它会在最不自然、最不可能的事物上,在"我"之上扎根,也就是说,在无处扎根的地方扎根。因此相互对立的关系存在于体内,这无法用关系、当下或相互性来解释,因此只能是自相矛盾。人们喜欢将其解读为一种关系,某种形式的宗教关系,以此逃脱对双重性的恐惧:但他们总能发现这种解释的欺骗性。在这里,未完成的事物遁入已经完成的虚妄表象,在错误的道路上越陷越深。

◇

有时候,"我"与世界之间的异化令人惊慌失措,不得不采取某种行动。当你在可怕的午夜忍受噩梦的折磨,听到深渊在向你呼喊,于是,你在痛苦中注意到:生活还在,我只需要穿越到它身旁——但要怎么做,要怎么做呢?这就是人类沉思时刻的状态,惊慌失措、犹豫不决、漫无方向。也许他知道方向,一直向下,进入无人喜爱的知识的深渊，通过牺牲走向颠覆的方向。但他抛弃了这个念头，"神秘事物"无法承受太阳的光芒。他唤来自己的思想，他很——这也很有道理——信任它：思想应当把他的一切都扭转过来。而思想的高超技艺就在于描绘一个可靠又可信的世界观。于是人对自己的思想说："看看那些眼睛阴森、躺在那里的可怕的人——我以前不是还和他们一起玩耍吗？你还记得他们以前用同样的眼睛看着我笑，心怀善意的样子吗？看看悲惨的'我'——我要向你承认：它里面空空荡荡，虽然我一直在用体验和使用填充它，它里面还是空的。你愿不愿意扭转我们之间的关系，让他们离开，让我康复？"于是勤勉而技艺高超的思想很快就绘制了一幅——不，是两幅图画，一幅在右边墙壁上，一幅在左边墙壁上。其中一幅画的是（更准确地说，是"出现的是"，因为思想的世界观就像一段可靠的影片）宇宙。小小的地球从星辰的旋涡中浮现而出，小小的人类从大地的万物中崭露头角，现在他们写着自己各个时代的历史，撕碎文化的蚁丘，又固执地重建它们。在这一系列画面下写着"一与万物"。另一幅画上出现的是灵魂。一个正在纺织的女人，所有星辰、所有造物的生命和整个世界史的轨迹，所有这一切都用一根线织成，也不再被称为星辰和世间的造物，而是感受与想象，或者就是经历与灵魂的状态。这一系列画面下面也写着"一与万物"。

当人类继续注视陌异之物，对世界感到恐惧的时候，他就抬起头（向左向右都可以）看一幅画。他看到"我"隐藏在世界之中，"我"根本就不存在，世界也不能对"我"造成伤害，就会平静下来。或者是当人类注视陌生之物，对"我"感到恐惧的时候，他就抬起头看画。无论他看到哪一幅，都会感到空虚的"我"被世界填满，被世界的洪流盈满，也会平静下来。

但那个瞬间就要来了，恐惧的人类抬起头，在一刹那同时望见了两幅画，于是一种更深的恐惧攫住了他。

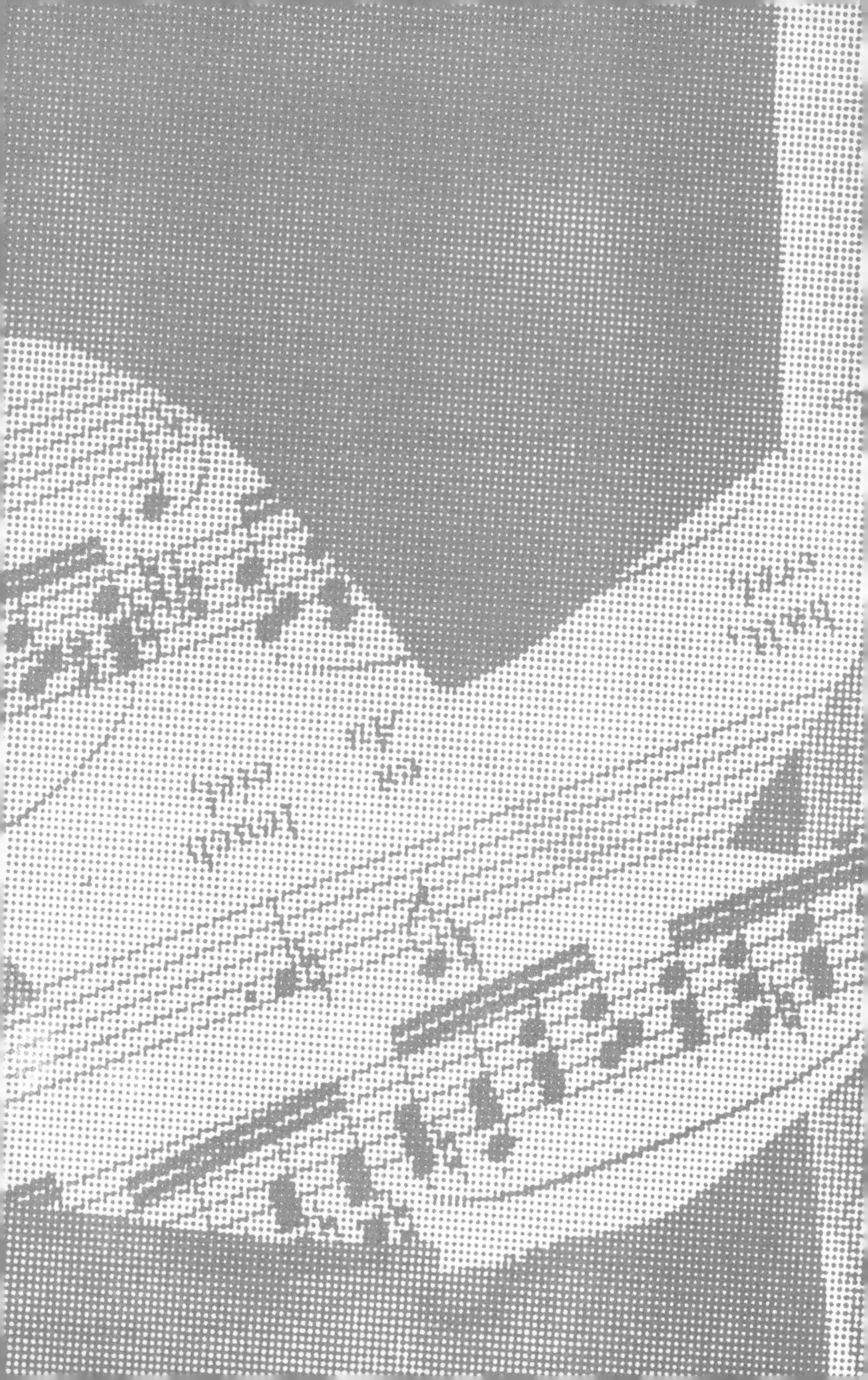

第三部分

人在关系中实现超越

延长的关系线在永恒之"你"中连接在一起。

每一个单独的"你"都是对永恒之"你"的一次洞察。这组基本词通过每一个单独的"你"与永恒之"你"对话。以所有本质的"你"作为介质，人们实现或是没有实现与它们的关系。那个与生俱来的"你"在任何人身上变为真实的，却没有在任何人身上得到完满。它只能在与某个"你"的直接关系中得到完满，这个"你"的本质就使它不可能成为"它"。

◇

人们以许多名字称呼他们永恒的"你"。当他们歌颂这些名字的时候，他们歌颂的一直都是"你"，最早的神话即是赞歌。然后名字回到"它"的语言中，人们越来越想要将永恒之"你"当作"它"来思考和称呼。但上帝的所有名字依然都是神圣的，因为在这些名字里不只寓居着上帝，人们也可以与他对话。

有些人提出适度使用"上帝"这个词的主张，因为这个词经常被滥用。它也的确是所有人类词语中最不堪重负的一个词。正因为此，它也是最不易飘逝和最不可回避的一个词。因此，所有关于上帝的本质和功业的胡言乱语（人们只是给出了胡言乱语，也只能给出胡言乱语），在唯一的真理面前又意味着什么呢，如果所有人称呼上帝的时候心里想的就是上帝本身？因为说出"上帝"这个词，并在真正意义上说的是"你"

的人，无论陷入了何等的谵妄，都是在对他生命中真正的"你"说话，没有任何他物可以限制"你"，他与"你"保持着一段关系，这段关系也包含了所有其他关系。

但即使是厌恶这个名字并声称自己不信仰上帝的人，只要他奉献全部本质与生命中的"你"对话，让这个"你"不受任何他物限制，他就是在与上帝对话。

◇

如果我们走在一条道路上，遇见了一个迎面走来的人，他也走在一条道路上，我们就只知道我们的道路，不知道他走过的以及将要走上的道路，因为我们只能在相遇中经历他的道路。

依靠完整的关系过程，我们通过亲身经历了解到我们的出路和我们要走的道路。其他的道路只是从我们的身边经过，我们并不了解它们。它们在相遇的时候从我们身边经过。但我们似乎也只能将它描述为在相遇的过程中发生的事情。

我们应该注意的、我们应该关心的不是其他事物，而是我们自己；不是外在的恩赐，而是自身的意志。只要我们走向恩赐，并坚持它的当下性，恩赐就会走向我们，它不是我们的对象。

"你"迎面走向我。但我与"你"产生了直接的关系。因此被选择与选择、被动与主动都是一回事。当全部的本质采取主动，放弃了所有的行为和所有（只包括那种深受其局限的）行为的感受，全部的本质就变得近似于被动了。

这就是走向完整状态的人类的行为，可以称为无所作为，因为人类不再进行任何单独的行动和任何部分的行动，也没有做出任何干涉世界的行为。处于完整状态、安于完整状态的人才能发挥作用，才能成为一个可以发挥影响的整体。如果这种状态持续下去，就可以说这个人拥有了至高无上的相遇。

实现这一点不需要走弯路，不需要将感官世界看作表象世界。根本就不存在表象世界，只有世界，因为我们的双重态度，它显然也具有了双重性。现在需要消除的是分离的魔咒。这不需要"超越感官的经验"，每种经验，包括最纯粹的精神经验都只会被我们归为"它"。这也不需要将自己献给一个理想和价值的世界：它不会变成我们的当下。所有这些都不需要。那么我们需要什么呢？不是因为某种规则的意义而需要，就像以前时代的人们构思并发明出许多规则，许多制订好的准备、训练和沉浸过程，它们与相遇最简单的因素毫无关联。尽管这些训练可以给我们的认识和权力作用带来好处，却与我们这里谈论的话题无关。它的位置在"它世界"里，没有办法迈出一步，没有办法迈出关键的那一步。规则的意义无法教给我们出路。要实现这一点，人们必须划定一个圈子，排除不属于这个圈子里的一切。然后事情就会变得显而易见，那就是：对当下完全接受。

显然，人在分离存在的路上走得越远，接受就越是意味着更严峻的冒险和更彻底的颠覆，但这并不像神秘主义通常认为的那样，意味着抛弃"我"："我"在任何关系中都是最为紧要的，因为关系只能在"我"与"你"之间存在。需要抛弃的不是"我"，而是那种虚伪的自大的冲动，它使人类与不可靠的、没有密度的、不持久的、看不透的危险世界脱离关系，逃入对物的占有。

◇

所有与本质，或一个本质之物，或一种世界本质的真正关系都是排他的。只要开始行动，迈出一步，就能看到对面唯一的"你"。它填满了天际：这不是说其他事物就不存在了，而是说其他事物都生活在它的光影之中。只要关系依然具有当下性，"你"的世界就会毫发无损地得到扩张。但只要"你"变成了"它",关系的辽阔世界就变成了世界上一种并不合理的事物,"它"的排他性成为面对一切的排他性。

在与上帝的关系里,无条件的排他和无条件的包含是一回事。如果有人踏入了绝对的关系,他就不再拥有单独的关系,与事物和本质、与大地和天空的关系都是一样的,但一切都被包含在了这场关系中。因为进入纯粹的关系不是要忽视万物,而是在万物中看见"你";不是要放弃世界,而是要建立世界的根基。将目光从世界上移开对接近上帝没有帮助,在世界上四下环视也没有裨益,只有注视世界内部的人才能处于上帝的当下。"这里是世界,那里是上帝"——这是"它"的言论;"上帝在世界之中"——这还是"它"的言论。不要排除什么,也不要将什么抛到上帝之外,一切——以"你"掌握世间的一切,赋予世界权利与真理,一切都要凝聚在上帝体内,这就是完美的关系。

待在世界上的人们找不到上帝，走出这个世界的人们找不到上帝。只有带着全部本质走向"你"，并将所有的世界本质都集中到它身上的人们，无须寻找，就能找到上帝。

上帝当然是"完全的他者"，但他也是与我们完全相同的存在：完全的当下。

上帝当然是令人畏惧的秘密，显现出来，战胜一切，但他也是不言而喻的秘密，比我的"我"更接近我。

如果你深究物质和条件的生活，你就无法找到解决方案；如果你反对物质和条件的生活，你就会陷入虚无；但如果你使生活变得神圣，你就会遇见活生生的上帝。

◇

人类的"你"的意义与每一个单独的"你"形成关系，经历变成"它"的幻灭过程，努力超越这一幻灭,并从未远离那个永恒的"你"。人类根本不需要寻找:实际上根本没有对上帝的寻找,因为人们在任何地方都能找到他。偏离自己的生活道路去找寻上帝的人是多么愚蠢而无可救药啊!即便他获得了所有孤独的智慧和所有沉思的力量,他也失去了上帝。不如走自己的路,只是在心里怀着这就是他的那条道路的愿望,他以愿望的力量表达了自己的追求。每一个关系事件都是一个驿站,让他看到实现的愿望,因此他始终没有参与却又参与了这一切,因为他处在当下。在当下走自己的路,而不是寻找,因此他面对万物保持镇静,与它们的接触给他带来帮助。但在他找到上帝的时候,他的心也没有背转过身,尽管他此刻在上帝身上遇见了万物。他祝福所有他曾经栖身的房间,还有所有他还会返回的房间。因为发现并不是道路的尽头,而是他永恒的中点。

他是一位不去寻找的发现者,发现了最为原

初的事物和原初的含义。"你"的意义不会满足，直到他找到那个无穷无尽的"你"，"你"从一开始就存在于当下："你"必须借助变得神圣的世间生活的真实性，变成完全真实的当下。

上帝不是某种可以推断出的存在，不是自然的创造者与历史的舵手，也不是主体中思索自身的自我。上帝不是靠已经存在的其他事物"得出"的，而是与我们直接联系、永远坐在对面的本质：他只可以得到适当的称呼，不可以被说出。

◇

人们会在与上帝的关系中看到一种最基本的感受，也就是依赖感，最近更准确的说法是造物感。这种基本感受所强调和决定的事物都很正确，但如果不在平衡的状态下强调这种特征，就会对完美的关系产生错误的认识。

之前对"爱"进行过的论述在这里更为适用：感受只伴随着关系的事实到来，它不存在于灵魂中，而是存在于"我"与"你"之间。人们可以将一种感受理解为是至关重要的，但它依然要臣服于灵魂的动态进程，一种感受会被另一种感受压倒、超越和扬弃，所有的感受都处于——与关系不同——同一种尺度。最重要的是，每一种感受都处于一种两极的张力之间，它的程度和意义不仅仅由自己决定，还取决于它的对应极点；每一种感受都是由对立面决定的。而包含了所有相对性的、真实的绝对关系已经不再是一个部分，而是一个使一切得以圆满、走向一致的整体，因此它会在心理学的意义上受到限定，还原成一些彼此孤立、彼此界定的感受。

从灵魂的角度来看，完美的关系只能是两极性的，只能作为对立统一而存在，也就是相反感受的统一体。显然，其中一极经常消失——受到个人基本的宗教观念的压制——在前瞻后顾的意识中，只能在最纯粹、最自由的深思中回忆起来。

是的，在纯粹的关系中，你总是会有一种依赖感，这是你在其他关系中感受不到的——当然，还有你之前在其他地方从未感受过的自由，造物性——创造性。因此你不再受到一方或是另一方的限制，而是同时拥有了不受限制的两者。

你心里一直知道，你对上帝的需要胜过一切，但难道上帝不是也需要你来使他的永恒变得充盈吗？如果上帝不需要人类，为什么会有人类存在，为什么会有你存在？为了存在，你需要上帝，而上帝需要你——也是为了存在，那就是你生活的意义。那些教诲与诗歌费尽口舌，说了太多的话：那是多么含混和自大的话语，关于"正在成形的上帝"——但我们心中坚信的是一个既在生成也已存在的上帝。世界不是上帝的游戏，世界是上帝的命运。世界、人类、人类个人和你与我的存在，都具有神圣的意义。

造物——它发生在我们身上，它点燃我们，在我们周围燃烧，我们颤抖着跌倒，我们屈服于它。造物——我们参与到其中，我们遇见了造物主，我们走向他，作为助手和同伴。

有两位伟大的仆从贯穿了时代，祈祷和牺牲。祈祷者进入了毫无保留的依赖性，知道自己——以难以言表的方式——对上帝产生了影响，尽管也许不能唤起上帝对自己的影响，因为如果他别无所求，就会看到自己的影响燃起至高的火焰。而牺牲者呢？我无法轻视他，史前时代虔诚的仆从，以为上帝渴望的是他们献祭火焰的芳香。他以愚蠢但有力的方式知道，人类可以向上帝奉献，也应当向上帝奉献。那些将自己渺小的意志带到上帝面前并遇见上帝伟大的意志的人们也是一样。"你的意志实现了"，他说的仅仅如此，但真理继续为他说话："通过你所需要的我。"牺牲与祈祷和其他巫术的区别在哪里？其他巫术想要在关系之外发挥影响，在虚空之中修习技艺，但牺牲和祈祷却来到了"上帝的面前"，在神圣的基本词的圆满中实现了相互影响。它们说"你"，也听到了"你"。

如果将纯粹的关系视为依赖，关系的一个承载者就会失去真实性，关系本身也是如此。

◇

从反方面看，如果将宗教行为的本质元素视为相同的自我沉思与自我置入，结果也是一样——无论是摆脱所有"我"的条件，还是将上帝理解为一个同时进行思考与存在的统一体。第一种观点是要让上帝进入无我的本质，或是让无我的本质进入上帝；第二种观点认为自己的体内就直接站立着那个神圣的统一体。第一种观点认为在至高的时刻可以停止说"你"，因为双重性已经不复存在；第二种观点认为说"你"的行为实际上并不存在，因为在真理之中没有双重性。

第一种观点信仰人与上帝的结合，第二种观点信仰人与上帝的同一性。两者都主张远离"我"与"你"，第一种作为——有点迷醉的——生成者，第二种作为——有点类似思索主体的自我注视——解释者。两者都放弃了关系，第一种无动于衷地注视着"我"被"你"吞没的动态过程，但那已经不是"你"了，而是某种独立的存在；第二种无动于衷地看着"我"化解为"自我"后认为自己是一个独立存在的静态局面。如果有关依赖的说法将"我"这个纯粹关系的世界桥梁的承载者说得太软弱和无足轻重，令"我"的承载能力显得不再可信，那么有关沉思的说法就销蚀了完美的桥梁，把关系看作了一种需要克服的幻象。

这两种堕落的说法分别建立在两个赋予身份的伟大格言之上——第一种建立在约翰的"我和我父为一体"之上，第二种建立在桑迪亚的"包罗万象的是我内心中的自我"之上。

这两句格言指出的道路是彼此矛盾的。第一句是一个人经历了非常神秘的生活以后再发展出一种学说，第二句是一个人先提出一种学说，然后将它融汇进自己非常神秘的生活。这两句格言的特征也因此而改变。遵循约翰传统的耶稣曾经是一个化为肉身的词语，埃克哈特将其发展为上帝永存于人类的灵魂之中。《奥义书》还在对"自我"大加赞美："此即是真，此即是我，此即是你。"但不久之后的佛教就贬黜了自我："自我与我属，无存于世上真理。"

两条道路都想要将开端与结局分开看待。

如果在无拘无束的状态下阅读《约翰福音》的那一章，就会很清楚地发现"为一体"的呼唤并没有根据。实际上这部福音书讲述的是纯粹的关系。这里讲述的是真相，而不是常见的"我是你，你也是我"的神秘诗。父与子的本质是相同的——我们可以说：上帝与人类的本质是相同的，都是真实的、不可消除的两个存在，是原初关系的两个载体，上帝给予人类使命和指令，人类给予上帝注视和倾听，存在于两者之间的是认识与爱，也就是说，即使父亲就在自己体内发挥影响，儿子也要在"更为伟大的一方"面前躬身祷告。所有现代的尝试、所有想要将对话的原初真实性等同于"我"与"自我"的尝试，将它解释为人类内心自我满足的过程的尝试都是徒劳的，它们属于那些毫无根据、并不真实的历史。

——但神秘主义呢？它认为，在统一体里不可能有双重性。我们可以质疑这一观点的可靠性吗？

——我不但知道一种，而且知道两种人们感受不到双重性的情况。神秘主义者将这两者混为一谈，我以前也曾经做过这样的事。

第一种情况是灵魂的合一。这并不是人类与上帝灵魂的合一，而是发生在一个人体内的事情。力量聚集于核心，一切想要削弱它的事物都会被征服，本质独立存在，欢呼着，或者像帕拉塞尔苏斯[1]说的那样，欣喜若狂。这是人类的关键时刻。没有这一刻，他就无法创作出精神的作品。在这一刻，人们判定自己的内心是否令自己满意。在聚集成一致体以后，人类才可以走出去，经历充满秘密和救赎的完美的相遇。他也可能消耗掉聚集起来的极乐，不去承担至高的责任，回到分散的状态。我们道路上的一切都关乎决定：共同的决定、预知的决定、神秘的决定。内心深处的决定是最隐秘的，也是最强有力的。

　　第二种情况是关系行为本身那难以看透的方式，人们认为两者合为了一体："个体与个体结合在一起，坦诚相见。""我"和"你"沉落了，刚刚还站在上帝对面的人得到了飞升，经历了神圣化和神化，因此可以独自存在。但当这个人清

---

[1] 帕拉塞尔苏斯是文艺复兴初期的瑞士炼金师、医师、自然哲学家。他开创了当时称为医疗化学的新学科，把医学和炼金术结合起来。

醒而疲惫地回到尘世间的事务困境之中，以清醒的内心思考两种状态，他的存在怎么可能不走向分裂，不得不放弃毫无神性的那一部分？如果这只是让我离开这个世界，进入某种统一体，但这种统一体对于这个世界根本就不是必要的，也不是它的一部分，这对我的灵魂又有何益处——一种撕裂的生活又怎么会因为"上帝的享乐"而变得神圣呢？如果天上无比富足的现在与我在大地上贫瘠的现在毫无关联——既然我还要继续在大地上生活，继续在所有艰苦中生活，那么它对我来说又意味着什么呢？这样的话，我们也可以理解那些放弃了"统一"之幸福和陶醉的大师们。

根本就不存在统一。我举一个沉湎于性爱满足的人们的例子，他们陶醉在相互拥抱的奇妙感受之中，对"我"和"你"的认知被合二为一的感受所压倒，但这种合二为一的过程并不存在，也不可能存在。那些欣喜若狂的人们眼中的统一是关系的鲜活动力，它不是在一瞬间出现的某种统一体，消融了"我"与"你"，而是关系的动力本身，置身于两位无法移动、对面站立的承载者之间，以陶醉的感觉笼罩了他们。统治这一切的是关系行为那突破边界的过程，关系的组成者强烈地感受到了关系本身和它的动态统一，这导致它的组成者在它面前显得黯然失色，在它面前忘掉了自己生命中的"我"与"你"。这里出现的是一种边界的现象，现实跨过了边界，变得模糊。但比起这些存在边缘的谜团，对我们来说更重要的是日常时刻那核心的真实性，就像一缕照在槭树之上的阳光，还有对永恒之"你"的预感。

那种沉思的学说也许会反驳说，万物的本质与自我的本质是一回事，因此说"你"无法保存哪怕一点的真实性。

这一学说自己就对这一反驳做出过回答。《奥义书》有一篇讲到，主神因陀罗去找造物主钵罗阇钵底，想要知道人类是如何发现并认识自己的。他学习了一百年,两次无功而返,最终才得到了正确的结论:"人若能安歇于没有梦境的沉睡,这就是自我,这就是不死之物,这就是安全之物,就是万物的本质。"因陀罗欣然离去,但很快又被一个念头驱赶回来,他一再回来问:"至尊啊,如果我这样理解,那么人无法了解'这是我',只知道'这是本质'。人终将迎来灭亡。我在这里看不到什么好处。""是这样的,先生,事情就是这样。"钵罗阇钵底如是说。

尽管这种学说表达了真实的存在,它却总是在谈论——与此生毫无关联的——无法在一个人那里取得共鸣的真理内容,也就是与亲身经历的真实无关,它只会将真实也贬斥为表象世界。只要这种学说在引领人们沉思真实的存在,它就无法通向亲身经历的现实,只会通往"灭亡",那里没有意识的统治,也没有记忆的引领,那些逃离到那里的人们在诉说自己的经验时,总是使用"非双重性"这类有局限的词汇,而不敢声称

"统一"。

但我们想要在真实的世界得到神圣的益处，想要在此生而非他生得到它，这是我们得到的几近真理的赠礼，我们神圣地将它保管起来。

在亲身经历的真实中，没有存在的统一体。真实仅仅存在于影响，它的力量和深度都来自影响，即便"内心的"真实也是相互影响的结果。最强烈、最深刻的真实就是所有一切都在发挥影响，毫无保留的人类与包罗万象的上帝，统一的"我"与无限的"你"。

统一的"我"：因为（上文已经论述过）灵魂在亲身经历的真实中得到统一，力量聚集于核心，这是人类的关键时刻。但与那种沉思不同，它并不忽视真实的人。那种沉思只想保留"纯粹的"、实际的和绵延的事物，其他的一切都被抛弃；而聚集起来的力量不会轻视欲望的不纯粹、感官的不智慧、情绪的转瞬即逝——一切都要包容在内，得到征服。它要的不是孤立的自由，它要的是完整无损的人类。它指的是真实，它本身就是真实。

　　沉思学说主张并预言了成为唯一思想者的过程，他是"思考世界的人"，是纯粹的主题。但在亲身经历的真实中，不存在没有思想之物的思想者，思想之物对思想者的影响并不亚于思想者对思想之物的影响。一个摒弃了客体的主体也就背弃了真实性。一个独自存在的思想者——首先存在于思想之中，是思想的产物和对象，是难以想象的有限概念；其次存在于对死亡的预想之中，因为人们可以将它比作自己沉睡不醒的深眠；最后也存在于关于类似沉睡的沉思状态的学说的表述之中，它的本质决定了它没有意识，也没有记忆。这些就是"它"的语言登峰造极的表现。我们不得不敬佩它那种忽视一切的崇高力量，但在投出敬佩目光的同时，我们要认清它只是一种经验，而不是生活。

　　身为"完成者"和"圆满者"的佛陀对此未

置一词。他拒绝断言统一体是否存在，经历了所有沉思的考验的人们是否能在死后成为统一体。这种拒绝，这种"高贵的沉默"可以用两种方式解读：理论上的，因为圆满已经脱离了思想和表达的范畴；实际上的，因为揭示本质的内容并不能成就真正的幸福生活。两种解释加在一起就是真理：如果你将存在者当成了某种表达的对象，你就把它引入了分裂状态，成为"它"世界的对照物——在这个世界里没有幸福的生活。"僧侣们啊，如果灵魂与身体本质相同，就不存在极乐人生；僧侣们啊，如果灵魂与身体完全割裂，也不存在极乐人生。"在注视到的神秘与经历过的真实中，占有统治地位的不是"是这样"和"不是这样"，也不是存在和不存在，而是不可分割的"是这样也是那样"，既存在也不存在。这一不可分割的秘密却与救赎的初始条件相对立。佛陀肯定属于认清了这一秘密的人。就像其他英明的教师一样，他不想给出意见，只想教给人们道路。他只反驳了一种观点,也就是那个"愚人之见",无为、无过、无力:以为这样就可以走上道路。他只提出了一条至关重要的观点:"你们这些僧侣啊,还存在未生、未成、未创造和未赋形之物。"如果它们不存在,就不会有目标;如果它们存在,道路就有了一个目标。

如果我们忠于相遇的真理,我们就只能追随佛陀至此,再走一步都是对我们生活真实性的背叛。因为我们并不是从自己体内发明了真理与真实,而是得到了它们的赐予,我们知道,如果它只是许多目标中的一个,它就不能成为我们的目标;如果它就是那个目标,那么一定是说法有误。此外,如果它是许多目标中的一个,就会有通往它的道路;如果它就是那个目标,它只会越来越靠近我们。

佛陀将目标定为"消除苦难",也就是消除生存和死亡的苦难,从轮回中得到解脱。"此后再无轮回"是这个目标的结局,从对存在的贪欲和不断的重生中解脱出来。我们不知道轮回是否存在，我们就把时间的维度框定在我们生活的这段时间，不要超过此生，也不要试着揭露此生的期限和法则。但我们知道如果有轮回存在，我们不会试图逃脱，也不会贪图更多，只会在每种存在中以它的方式和语言说出那转瞬即逝的永恒之"我"和万古不变的永恒之"你"。

  我们不知道佛陀能否将我们引向摆脱轮回的目标。但他确实是将我们引向了一个中间目标，这与我们密切相关：灵魂的统一。但他指引的方向不仅要在必要的时候避开"观点的灌木丛"，还要避开"塑形的欺骗"——这对我们来说并非欺骗，更确切的说法是（尽管充满观念的主体矛盾，这对我们来说也属于真实的一部分）可靠的世界。就连他的道路也是一种对世界的忽视，当他教导我们觉察身体内部的进程的时候，他所说的与我们感官意义上的对身体内部的洞察几乎是相反的含义。他没有引领统一起来的本质继续走向至高的说"你"的行为，这个行为也包含了这一本质。他内心深处的决定就是放弃了说"你"的可能性。

佛陀可以对人们说"你"——他与弟子充满深思熟虑却又非常直接的交往证明了这一点——但他没有教会别人这一点，因为"将万物不加限制地纳入胸怀"这种爱意味着要疏远朴素的与本质面对面站立的关系。在沉默的深渊里，他肯定比那些被他视作弟子的"众神"更懂得说"你"的根本原因——他的行为来自他变为实质的关系进程，这也是对"你"的一句回答，但他对此噤口不言。

但他那些庞大的信徒，也就是"大乘佛教"彻底地背离了他。他们与人类永恒的"你"对话——以佛陀的名义。他们将未来佛奉为世界最后一位佛陀，期待着他实现对人们的爱。

所有的沉思学说都建立在退缩回自身的人类精神的巨大妄想之上：存在于人类体内。实际上它应该存在于人类之外——存在于人类和那个不是人类的事物之间。如果退缩回自身的精神放弃了它的意义，放弃了它的关系意义，这个不是人类的事物就必须走进人类的领域，必须赋予世界和上帝以灵魂。这就是精神的灵魂妄想。

"我告诉你，朋友，"佛陀说，"我这具遍体鳞伤、饱经风霜的苦行僧的身体里住着整个世界，还有世界的诞生与消亡的过程，还有通往消亡世界的道路。"

这是真的，但它最终会变成假的。

世界的确作为设想"住在"我的体内，就像我作为物住在世界之上。但正因为此，它不在我体内，就像我也并不存在于世界之内。它和我互相包含彼此。这种思想矛盾中蕴含着"它"的联系，却被"你"的联系取代，将我从世界上解救出来，这样才能与世界形成关系。

我体内携带着没有被世界包含在内的"自我意义"。世界内部存在没有被我的设想包含在内的"存在意义"。这种意义不是可以设想的"意志",而是世界的全部世界性本身,就像"自我意识"不是"认识中的主体",而是"我"的全部自我性。这里没有进一步的"归因":如果不尊重最后的统一体,就是破坏了只可理解、不可概念化的意义。

世界的诞生与世界的消亡不在我体内,但它们也不在我体外。它们根本就不存在,它们反复发生,它们的进程也取决于我,取决于我的生活、我的决定、我的作品和我的服务。但它与我在灵魂中"赞同"还是"否定"世界无关,至关重要的是,我能否使我的灵魂对世界的态度在这个世界上实现,成为生活,成为一种能够影响这个世界的生活,成为真正的生活——在真实的生活中,不同的灵魂态度也会彼此交织。但如果谁只是"经历"了他的态度,只是在灵魂中完成了它,尽管他可能也独具思想,却失去了世界——所有他倾注于其中的游戏、艺术、迷醉、热情与神秘都没有触碰到世界的皮毛。如果人只能在自身内部得到救赎，那么他就无法给世界带来爱与痛苦，他与世界无关。只有信仰世界的人才与世界有关，如果你信仰世界，你就不可能放弃上帝。让我们热爱这真实的世界，它绝不会放弃自己，只是真实得可怖，我们只需要勇敢地伸出精神的手臂去拥抱它，然后我们的双手就会被那双手握住。

我不知道有哪一种"世界"与上帝分割，不知道有哪一种"世界上的生活"与上帝分割，这样的生活只是异化的"它世界"里的生活，是经验与使用世界里的生活。如果真正地走进世界，就走近了上帝。集中力量与迈出步伐，两者都是真实的，两者都是一回事，都是必要的行为。

上帝包容万象，却并非万象；上帝包容我的自我，却并非我的自我。关于这件难以言表的事情，我想用我的语言说"你"，就像每个人都在使用自己的语言；正因此才有了我与你，才有了对话，才有了语言，才有了以语言为原初行为的精神，才有了永恒中的道说。

◈

人的"宗教性"状况和在场的"此在"的特征是不可化解的本质矛盾。这种矛盾不可化解就是它的本质。如果谁想采纳这一正命题却回避反命题，他就会破坏这种状况的意义。如果谁试图综合思考，他就会摧毁这种状况的意义。如果谁努力将这种矛盾相对化，他就抛弃了这种状况的意义。如果谁不愿以一生承担这种矛盾的争端，他就违反了这种状况的意义。这种状况的意义是，它永远只能生存于它的全部矛盾，不断更新、不可预见、不可设想、不可规定。

将宗教与哲学上的矛盾进行对比，就可以说明这一点。康德将必然性与自由之间的哲学矛盾相对话，分出了表象世界与存在世界，因此实际上这两者不再是相互对立的，而是相互包含的，两个世界都在发挥自己的作用。但如果我在考虑必然性与自由程度的时候不是处于想象的世界，而是处于我面对着上帝的真实世界，如果我知道"我将自己交了出去"，同时也知道"有什么事情正在走向我"，我就无法认为这两个令人难以容忍的句子是在表达两种特殊的功能，以此逃避我生活于其中的悖论，也不能以神学技巧使这两者得到概念上的和解，我必须将两者合为一体，并将它们用于生活，在生活之后，它们就变为了一体。

◇

动物的眼睛可以表达丰富的语言。它们无须借助声音和身体动作的帮助，只靠目光就能够以最有力的方式讲述出自然法规的秘密，这来自它们进化的忧虑。这种秘密只有动物知晓，只有它们才能向我们开敞这些秘密——只能被开敞，不能被揭示。它们所使用的语言就是忧虑——这种造物介于植物的安定与精神的冒险之间的活动。这种语言是自然第一次抓住精神时的磕绊语言，那时精神还没有开始它非凡的冒险，没有创造出我们人类。但没有任何话语可以重现那种磕磕绊绊的语言。

我偶尔会注视一只家猫的眼睛。这种驯服的动物并不像我们有时候想象的那样，从我们这里得到了真正的"会说话的"目光作为赠礼，而是只得到了——放弃了最基本的自由——将目光转向我们这些人类的能力。因此现在，在黎明与日出的时刻，在它的眼睛里出现了某种惊讶和疑问，而这正是原始的忧虑所完全不具有的。这只猫开始平静地迎向我的目光，闪着光彩问道："你说的是我吗？你真的只想让我给你带来欢乐吗？我和你有关系吗？我是为了你待在这里的吗？我真的在这里吗？你从那里拿来了什么？我周围的东西是什么？我身上的东西是什么？这是什么？！"（"我"在这里是对无我的自称词的转写，我们没有这样的词指代它；"这"指的是人类汹涌的目光和他的关系力量所带来的全部现实性。）这就是动物的目光及其忧虑的语言，闪烁着升起，又很快落下。我的目光显然更持久，但它已经不再是汹涌的人类目光了。

令人惋惜的是，关系过程在引入以后，几乎立刻就迎来了终结它的新关系。"它世界"包围了动物与我，"你世界"有一瞬间从深渊中发出光芒，现在光芒又熄灭了。

为了讲述这种几乎难以察觉的精神的日出日落，我还要讲一些我亲身经历的小事件。我从来没有在所有单独的"你"都命中注定地变为"它"的时候那么深刻地感受到所有本质的关系现实是多么稍纵即逝，我们命运的忧愁是如此崇高。因为通常在事件的清早和傍晚之间总有短暂的白昼，但在这里，清早和傍晚却晦暗地奔流到一起，光辉的"你"出现又消失。我和动物真的能有一瞬间摆脱"它世界"的重负吗？我还可以思考这个问题，动物却在目光的集中之后回到了无言的、几乎没有记忆的忧虑状态。

　　持续的"它世界"是多么强大，闪现的"你世界"又是多么脆弱！

　　这样的东西无法击穿物质的外壳！这些闪光的事物啊！看到它们以后我才理解，"我"并不在我的体内——却在我的体内与"你"产生了联系。关系只能出现在我的体内，而不是像过去那样，出现在我与你之间。但如果有某种事物从万物中升起，某种鲜活的事物，在我眼中变成了本质，出现在我的近旁和话语中，对我来说带有不可避免的短暂性质，那就是"你"！必然消亡的不是关系本身，而是它直接的现实性。就连爱本身都无法永远保持直接的关系，爱会持存下去，但会在真实状态与潜在状态之间交替。世界上的每个"你"因为其本质，都会变为我们的物，反复进入物质状态。

只有在一种容纳一切的关系中，潜在状态才意味着真实存在。只有一个"你"因为其本质成为我们的"你"。显然，了解上帝的人也会了解那种上帝的疏远和敬畏之心所忍受的荒芜痛苦，但这里不会缺少在场感。只是我们并不是永远在场。

热爱新生的人总是正确地称其为"她"，偶尔也称其为"您"。注视天堂的人毫不实际地——出于诗意的需要——谈论着它，自己也知道并非如此。无论人们将上帝称为"他"还是"它"，那都永远是一种比喻。我们对他说出的是"你"，因为我们以此说出了世间真相对于凡人不可打破的意义。

◈

世界上所有真正的关系都是排他的，侵入其中的他者就会破坏了它的排他性。只有在与上帝的关系中，无条件的排他和无条件的包容才能合为一体，一切都包含在其中。

世界上所有真正的关系都建立在个体之上，这就是它的欢愉所在，因为只有这样才能促成不同人之间的相互认识，这也是它的局限所在，因为这样就无法达成完美的认识与被认识。但在完美的关系中，我的"你"包含了我的"自我"，却又不是我的"自我"。我受限的认识上升为无限的被认识。

世界上所有真正的关系都是在真实状态与潜在状态的交替之中完成的，每一个单独的"你"都必须蜕变成"它"，才能重新长出翅膀。但在纯粹的关系中，潜在状态只是真实状态的一种休眠，"你"依然在场。永恒的"你"遵循自己的本质，只有我们的本质需要我们将它引入"它世界"与"它"的语言之间。

◈

"它世界"与空间和时间相关。

"你世界"与空间和时间无关。

"你世界"与延长的关系线的中心相关,与永恒的"你"相关。

纯粹关系的巨大特权废除了"它世界"的特权。它的力量给"你世界"创造了持续性:孤立的关系瞬间连接起来,形成了一种紧密关联的世间生活。它的力量赋予了"你世界"塑形的权力:精神可以穿透"它世界",并使它改变。精神的力量使我们没有因为世界的异化、"我"的去现实性和那些强大力量而变成鬼魂。颠覆是对中心的重新认识,是再次转向自身的行为。人类已经崩塌的关系力量在这种本质行为中重生,所有关系维度的巨浪都生机勃勃地涌来,使我们的世界如获新生。

也许还不只是我们的世界。因为从元宇宙的

角度来看，世界这个整体也与不是世界的事物存在联系，双重性的原始形式根深蒂固，在人类身上表现为态度、基本词和世界观的双重性。我们可以察觉到这些双重运动：离开原初的基础，万物得以生成；转向原初的基础，万物都在存在中得到救赎。两种情况都以宿命般的方式在时间中展开，那既是释放，也是珍存；既是放逐，也是束缚，令人难以理解。我们关于双重性的知识在原初秘密的悖论面前保持着缄默。

◇

关系的世界有三种维度。

第一：与自然共处。这种关系难以言喻。

第二：与人类共处。这种关系可以用语言描述出来。

第三：与精神本质共处。这种关系沉默无言，却催生话语。

在所有维度，在所有关系行为中，我们通过

每一个在当下出现的事物瞥见永恒之"你"的边缘，我们从每一件事物身上感受到它的身影，我们每次说"你"都是在与永恒之"你"对话，无论在哪个维度里，无论是以什么方式。所有的维度都被它囊括，它却不属于任何维度。

当下的光芒穿越了所有维度。

但我们可以废除所有当下。

我们可以靠自然的生活得到"物理世界"，也即密度世界；我们可以靠与人类的生活得到"心理世界"，也即情感世界；我们可以靠与精神本质的生活得到"思维"世界，也就是效用世界。现在它们的本质已被看透，因此也失去了意义，因为每个世界都变得可被利用，变得混沌，也一直保持着混沌，尽管我们赐予了它们闪闪发光的名字——宇宙、爱欲、逻各斯[1]。实际上人类

---

1 欧洲古代和中世纪常用的哲学概念。一般指世界的可理解的一切规律，因而也有语言或"理性"的意义。

只有通过牺牲牲畜，将万物变为自己的家宅，才能拥有宇宙；只有将本质变为对永恒的描绘，将与其共处变为某种揭示，才能拥有爱欲；只有以作品和精神领域的贡献说出那个秘密，才拥有逻各斯。

形象那充满渴望的沉默，人类那充满爱意的语言还有造物那提供知识的缄默，这些都是通往词汇在场性的大门。

但当完美的相遇开展的时候，这些大门就融汇成一扇通往真实生活的大门，你不再知道自己是从哪一扇门进来的。

◇

在这三种维度中，有一种维度很突出：与人类共处。在这里，语言作为结果在话语和回答中实现。只有在这里，形成语言的词汇才能遇到回答。只有在这里，基本词以相同的面貌来来去去，说出与回答的话语都是鲜活的，"我"与"你"不仅仅处于关系之中——也处于最稳固的"真诚"之中。只有在这里，关系的瞬间因为语言的元素结合起来，沉入这些元素之中。只有在这里，对面的人绽放为完美的"你"之真相。只有在这里，注视与被注视、认识与被认识、爱与被爱的真实性才是不可失去的。

这才是主要的入口，向四面张开，与两个侧门相连。

"如果一个人与妻子相处得非常亲密，他们就能感到永恒之丘的热望吹拂。"

与人类的关系实际上就和与上帝的关系相同：真实的话语得到的是真实的回答。只是在上帝的回答中，一切都可以化身为语言。

◇

——但难道孤独不也是一扇门吗？难道有时

在最寂静的独处状态中，不是也会进行从未设想过的注视？与自己的交流能否以某种神秘的方式变为与神秘本身的交流呢？是的，难道不是失去了本质的事物才能遇见本质？"来吧，孤独者，我们一起保持孤独。"新神学家西米恩这样呼唤他的上帝。

——有两种孤独，按照它们所导向的道路彼此区分。如果这种孤独意味着从与物的体验与使用的交往中解脱出来，就必须始终借助它才能实现关系行为，甚至还不是最高的关系行为。但如果这种孤独意味着失去关系，那么会得到上帝接纳的是那些对本质说出真正的"你"却遭到抛弃的人，而不是那些抛弃本质的人。那些心怀贪欲、想要利用本质的人们只会受困于本质；那些生活在当下性的力量中的人们才能与本质紧密相连。但只有紧密相连的人在上帝面前做好了准备，因为只有他们将人类的真实带到上帝的真实面前。

孤独也可以按照它们的用途分为两种。如果

这种孤独是净化的场所，那么它对于那些还没有走向至圣者的紧密相连的人也是不可或缺的，在面临考验、在不可避免的失败和上升的保证之间的人们都是不可或缺的：我们被创造出来就是为了这个。如果孤独是分裂的堡垒，人们在其中与自己对话，不是为了检验并掌控期待中的来客，而是独自享受自己灵魂的人格：这就是精神向着狡黠的真正堕落。跌入最深深渊的人可能会沉迷于自我，认为他们在心里拥有上帝，并与他对话。但真正的上帝容纳了我们，同时居住在我们心里，我们却永远无法拥有他。只有当我们体内不再有交谈的时候，我们才能与他交谈。

◇

一位现代哲学家认为，每个人都有必要信仰上帝或"偶像"，意思是一种有限的利益——他的国家，他的艺术、权力、知识、金钱和"不断地征服女人"——一种在他心里变成绝对价值的利益，位置介于人与上帝之间。要打破这个"偶像"，只需要证明这种利益的条件，这种歪曲的宗教行为就会回归到恰当的对象身上。

这一观点的前提是，人类和被他"偶像化"的有限利益之间的联系在本质上与上帝的联系相同，只是对象不同。因为只有这样，正确的对象才能通过简单的替代挽救错误的进程。但一个人和某种"特别之物"的联系如果被误认为是他生命中的至高价值，因此排挤了永恒性，那就永远是对某个"它"、某个物、某个享乐客体的体验与使用。因为只有这样的联系才能隔绝望向上帝的目光，通过那无法穿透的"它世界"。说"你"的关系却能再次将它开启。如果有人将自己的偶像据为己有，或者是想要保留它，或者是被占有欲所控制，此人就无法以颠覆之外的方式走向上帝，这不仅仅指目标的改变，还有行为方式的改变。对待这些中魔者的方式应该是将他们唤醒并培养成有着紧密联系的人，而不是要把他们引向对上帝中魔的方向。如果这个人依然停留在中魔的状态，那么他呼唤的不再是魔鬼或者什么魔鬼般扭曲的本质而是上帝的名字，这又有什么意义呢？这只能意味着现在他开始渎神了。如果一个人在偶像跌下祭坛之后就将未施圣礼的不神圣的祭品带到上帝面前，这就是渎神。

如果一个男人爱一个女人，让她的生命存在于自己生命的当下，她眼中的"你"就可以让他瞥见永恒之"你"的一道光辉。但如果一个人贪图"不断地征服女人"——他的贪婪又怎么会被永恒的幻象阻挡？如果一个人在无法度量的命运中发光发热，服务于人民，当他决定向他们奉献自己的时候，他其实是在向上帝奉献自己。如果一个人将国家当作偶像，想要承担一切为国家服务的工作，他其实也是在这幅图像中抬高了自己的位置——难道你们觉得，你们只需要中伤他就会让他看清真相？如果有人把金钱这种有形的非本质当作"接近上帝"的形象，这个人会怎么样呢？攫取和保护金钱的欲望与当下和当下之人的欢愉怎么能等同呢？那些金钱的奴仆会对金钱说"你"吗？如果他不知道如何说"你"，他又该如何面对上帝呢？他不能一仆侍二主——先服务于一位，再服务于另一位也是不行的，他必须学会服务不同的东西。

那些因为替换而归返的人们只"拥有"一种被他们称为上帝的幻象。上帝却是永恒的当下，无法被人拥有。那些自以为拥有上帝的中魔者真是可悲啊！

◇

人们称那些与世界和本质没有联系的人为"笃信宗教的人"，因为外在的社会阶层在这里被某种仅仅来自内心的影响力超越了。但在社会这个概念之下，有两个截然不同的指代：一个是建立在关系之上的社群，另一个是彼此之间没有关系的人群集合体，也就是现代人关系逐渐疏离的真实写照。"社会"的监牢也可以通往光明的社群结构，而社群结构就是影响人与上帝之间的关系的那种力量的产物。这并不是众多关系中的一种，而是一切关系，所有的洪流汇聚到一起，永远不会枯竭。大海与激流——谁还会在这里划定边界？这里只有从"我"涌向你的"洪流"，永远没有止境，那就是真实生活的无限洪流。人无法将自己的生活分割成与上帝的真实关系和"我"与"它"的不真实联系——无法真诚地向上帝祈祷，同时利用这个世界。如果有人将世界理解为可以利用的事物，他也只能以这样的方式理解上帝。他的祈祷是一种推卸责任的程序，坠入了空虚的耳朵。他——而不是在夜晚的窗边热切地与那无名者交流的"无神论者"——失去了上帝。

还有人说，"笃信宗教的人"以个体的、单

独的、分离出来的状态走到上帝面前,因为他已经超越了对世界负有义务和罪责的"道德的"人类阶段。"道德的"人类显然还需要为行动者的行动承担责任,因为他完全取决于存在和应该存在之间的张力,他怀着古怪的、毫无目的的牺牲勇气将自己的心一片片抛入两者之间无法填补的缝隙。但"笃信宗教的人"诞生于世界与上帝之间的张力,统治这里的命令是要摆脱责任感和对自己的要求所造成的不安。因为这里没有自己的欲望,只有填补空隙;因为这里所有的"应该"都上升成无条件的存在。世界依然存在,但已经不再发挥作用;人们有事情要在世界上完成,但已经不再有约束力,所有的行为都变作虚无。但这种想法就像是在说,上帝创造世界是要让它成为幻象,创造人类是要让他们如在梦中。可能那些走到上帝面孔前的人们确实超越了义务和罪责——但不是因为他们远离了世界,而是因为他们真正靠近了世界。人们只会对陌生人抱有义务和罪责，在熟悉的人面前却表现出倾心与爱意。走向上帝面孔的人首先要走进充实的当下，被永恒的光芒辉映，走进完全处于当下的世界，每句话都是在对所有本质之本质说"你"。于是世界与上帝之间的张力消失了，只有唯一的现实。他并不是摆脱了责任，他是体察了这一影响，以有限的痛苦换取了无限的强大力量，用强大的爱之责任换取了整个难以察觉的世界进程，也就是站立在上帝面前的深刻的世界关系。道德的审判显然已经被永远废除："恶人"只是需要有人为之承担更多的责任，只是更需要爱的人。但人必须在心里反复自发地练习自主决定的能力，至死方休，这样镇静地"不断做出决定"才会成为正确的举动。这样的举动并非毫无意义，它有其意味，有所作为，有所用处，属于造物的一部分。但这种行为不会对世界造成负担，它从世界之上生长而出，就像是无所作为一样。

◇

什么是永恒？是此时此刻出现并被我们称为启示的原初现象吗？当人走出至高的相遇瞬间，他就不再是之前走进去的那个人了。相遇的瞬间不是一种"经历"，可以使善感的灵魂变得激动，在灵魂中幸福地走向圆满：那是某种与人有关的事物。有时候它就像一阵清风，有时候又像一场角斗，但无论如何，事情总会发生。走出纯粹关系的本质行为之后的人自己的本质也得到了增益，得到了成长，他之前对这些过程都毫无预料，也无法正确地描述它们的起源。对世界研究的科学方法总是要追寻严丝合缝的因果性，对新事物的源头刨根问底，但这不适用于我们这些想要观察真实的人，无论是在下意识的层面上还是在灵魂模式的层面上。真相就是，我们感受到了我们从未感受到的事物，我们在感受的过程中了解到，它是赐予我们的。用《圣经》的话说就是:"守候上帝的人会因此得到力量。"用更忠于真实的尼采的话说就是:"接受赐予,勿问来处。"

  人类在感受,他感受到的不是一种"内容",而是一种当下,一种作为力量的当下。这种当下和力量包含了三种不可分割的事物,但我们还是可以将它们分成三种事物来进行观察。第一种是所有真实的交互、接纳与连接的充实过程,人们说不出它的来处和创造过程,也不知道自己是如何建立起了连接,而且没有这样的连接,生活还会在某种程度上变得更轻松——它使生活变得沉重,但也使生活变得富有意义。第二种是对意义的难以言说的确认。这是必不可少的。没有什么事物是无意义的。但就算意义存在,你也无法得到答案。你不知道如何解释和定义意义,你对意义没有形成什么模式或什么图像,但它对你来说比你的感官感受更为确切。它对于我们有什么所求呢?这种揭露又隐蔽的意义?不是被阐释——我们做不到这一点——只是被我们实践。第三种事物是意义并不属于"另一生",而是属于我们的生活,不属于"那边",而属于我们的世界,它想要在此生此世被我们证明。意义可以被感受,但不可以被体验;意义不可以被体验,但可以被实践。这就是它对我们的要求。隐蔽的意义不想被封锁在我心里,而是想通过我在世界上诞生。但意义不会自行传播,不会变成对所有人都有效、所有人都可以接受的知识,不会因为通行的"应该如何"而永世留存,无法被当作规章写下来,也无法写在立在所有人头上的令牌之上。每个人只能用自己的本质与自己生活的唯一性去验证他所感受到的意义。就像我们无法为相遇制定规章,相遇也不会产生规章;就像走向别人只需要接受当下,离开别人也需要新的意义;就像人们只要说出"你"就可以实现相遇,人们从相遇中回到世界也只需要说出"你"。

那个秘密就是我们如何生存，在何处生存，靠什么生存和为了什么生存。它过去一直都是秘密，以后也将一直都是秘密。它变成了我们的当下，以它的当下为我们宣告了救赎，我们"认出"了它，却对它毫无认识，因为认识会损害它在我们眼里的神秘感——至少是削弱它。我们走近了上帝，却没有离解密存在、揭示存在更近一步。我们察觉到了救赎，却没有"答案"。无论我们感受到了什么，都不能走向别人，并对别人说：要了解这个，要做那个。我们只能实践和证明意义。即便如此，我们也不是"应该"这样做——我们可以这样做——我们也必须这样做。

这就是此时此地永恒的启示。我不知道还有其他在原初现象上与此相异的启示，我也不信仰其他的启示。我不信仰自我命名的上帝，不信仰在人类面前独立出现的上帝。"启示"这个词的意思是：我在这里，我就是那个我。启示之物就是启示之物。存在之物存在于那里，再无其他。

永恒的力量如源泉般奔涌着，永恒的触碰坚守着，永恒的声音回响着，仅此而已。

◈

　　永恒的"你"因为其本质无法变为"它"。因为它根据本质，没有尺度和界限，也不属于那种不可度量的尺度和漫无边际的界限；因为它根据本质，不是特征的总和，也不是无数超越了特征的无限之物的总和；因为它既不在世界之内，也不在世界之外；因为它不可被体验，不可被设想；因为在我们说"我相信，那是他"的时候——"他"还只是一个比喻，"你"却不是——我们就错失了这个存在者。

　　尽管如此，我们也的确将永恒的"你"反复变为"它"，变为某种物体，将上帝变为物质——这是我们的本质所决定的，而不是出于专权。上帝的物质历史，也就是上帝作为物质的过程贯穿了这个宗教，为它的光辉与阴暗面、生命的辉煌期与衰落期做出了注脚，这也是远离鲜活的上帝、再次走向他的过程，是当下、形象化、对象化、概念化、分解与焕发新生的道路，是唯一的道路。

宗教表达的知识和确立的行为规范是从哪里来的呢？当下与启示的力量（因为一切都必须建立在一种词语的、自然的或灵魂的启示之上，因此，很显然，世界上只有启示性的宗教），被人们在启示中接纳的当下与力量，它们是怎么变成"内容"的？

解释有两个层面。我们将外层视为心理层面，并观察脱离了历史而独自存在的人类；内层则是事实层面，是宗教的原初幻象，我们将世界重新置入历史。两个层面是相辅相成的。

人类渴望拥有上帝，他渴望在时间和空间里持续地拥有上帝。他不满足于以不可言说的方式完成对意义的确认，他想要将这种确认扩展成某种可以感知和可以用于行动的事物，一种在时间和空间里毫无空隙的绵延之物，庇护他每一处和每一瞬间的生活。

纯粹关系的生活节奏，也就是真实状态和潜在状态只削弱了我们的关系力量，原初的在场性却完全没有被削减，这无法满足人类对绵延之物的渴求。人类渴望时间的扩展，渴望绵延。所以上帝会成为信仰的客体。从一开始，信仰就在时间内填补了关系行为，信仰渐渐地代替了关系行为。不断焕新的收集性的本质涌动变成了踏入安宁生活中的一个可以信仰的"它"。依然相信上帝的疏远与上帝的亲近的斗士一定会变成喜欢利用这一切的人，他没有别的选择，因为他相信上帝不会对此坐视不管。

甚至在纯粹关系的生活结构中，比如，"我"站在"你"面前的孤独中，在把世界引入相遇之前必须独自走向上帝、面对着他的孤独中，人类的持续渴望也总是得不到满足。他渴望空间的辽阔，因为在他虔诚的社群里，所有他们展示出来的东西都是和上帝联合在一起的。于是上帝就成了献祭的客体。但献祭行为从一开始就是对相遇行为的补充，人们以此说出了鲜活的祷文，说出了直接的"你"，从空间上关联着巨大的图景，与生活的意义密切相关；但生活的意义渐渐也被取代了，因此社群不再容许个人的祷告，任何违反规则的本质行为都被规则明确的祈祷程式所代替。

实际上，纯粹的关系只有化身为生活中全部的材料，才可以建立起时间与空间上的持久性。它无法保存，只能证明，只能实践，在生活中被实践。人类必须正确对待自己已经参与其中的与上帝的关系，按照自己的力量和局限，每天都在世界上重新将上帝变成真实的。其中有对持续性唯一的真正保障。绵延真正的保障在于要实现纯粹的关系，要将变为"你"的本质升华为"你"，要让那对神圣的基本词在所有事物中回响。这样，人类生活的时间才可以建立起充盈的真实，尽管人类的生活没有克服、也不应克服与"它"的联系，却被关系激活，因为关系在生活中赢得了无比闪耀的持久性。至高的相遇瞬间不是黑暗中的闪电，而是像澄澈星夜里升起的月亮。其中也有对空间真正的保障，因为人类与真正的"你"之间的关系就是从所有的"我"之地点走向中心的辐射，由此形成了一个圈子。最重要的不是这个圈子的范围和它的整体，而是辐射，是所有地点与中心的关系。只有它才能保证真正社群的持续存在。

只有当这二者产生并持续下去的时候，只有当时间的束缚带来适度关系的幸福生活、空间的束缚带来指向中心的社群时，围绕着一个无形的祭坛，万古的世界质料才能被精神掌握，才能有一个人类的宇宙产生并持续下去。

人类与上帝相遇，不是为了研究上帝，而是为了在世界上证明意义。所有的启示都是召唤与任命。但人类没有实现它们，反而不断退回到启示者那里。他想要研究上帝，而不是世界。现在站在他这个退缩者面前的不再是"你"，他只能在物质世界里设想一个作为"它"的上帝，将上帝作为"它"来了解并谈论。就像那些自大的人类不会直接感知或喜爱事物，而是要在受到感知和喜爱的"我"身上寻求反射，因此错失了事情的真相，那些过分热爱上帝的人类（除此之外，他和前者其实有着相同的灵魂）不会使恩赐发挥作用，而是转向恩赐者，因此连恩赐和恩赐者都一起失去。

◈

在拥有使命的状态下，上帝就是你的当下。怀着使命的漫游者总会看到上帝在眼前，他完成得越是忠诚，上帝临近的感觉就愈加强烈和持久。他当然无法研究上帝，却可以与上帝交谈。

与之相反，退缩的行为会使上帝变成对象。退缩在表面上是转向了原初的基础，实际上却是转身背对着世界的运动，就像表面上转身去完成使命的人实际上是转身面向世界运动的真相。

因为世界上两种元宇宙的基本运动：对自我存在的扩展和对联系方式的颠覆，在人类与上帝的联系史中都表现出了至高的人类形态，表现出了它们奋战与和解、混合与分离的精神形式。在颠覆的过程中，话语在大地上诞生；在扩张的过程中，它结成宗教的蝶蛹；在新的颠覆中，它又重新破茧，长出翅翼。

在这个过程中，具有统治地位的不是专权；尽管有时会出现深入"它"的运动，回归"你"的行为被压迫，几乎被扼杀。

作为宗教基础的强有力的启示，在本质上与那种无处不在、无刻不在的静默启示是相同的。强有力的启示出现在强大社群诞生的时候和人类时代走向转折的时候，与那种永恒的启示没有什么不同。但启示不会像经由漏斗一样来到世界，贯穿它的接受者，它要对接受者做出行动，它抓住他"这样的存在"中的所有元素，融入其中。即便那些作为"口舌"的人们也不是传声筒——不是工具，而是器官，有着自己发声规律的器官，发声即是改变声音。

无论如何，不同的历史时期之间有着质的差别。在成熟的时代，人类精神中那些被压抑的、不可撼动的真实元素在地下做好了准备，怀着穿透力与张力，只等待触碰者的一次触碰便会破土而出。这时就会出现启示，掌握所有这些做好准备的元素，将它们熔化，塑造成一个形象，那就是上帝在世间的新形象。

因此，随着历史的变迁，随着人类元素的变化，世界上和精神中总会有新的区域升华为一种形象，成为上帝的形象。总会有新的空间成为显灵之地。在这里发挥作用的不是人类的自我力量，也不完全是上帝的穿透力量，这是人类与上帝共同力量的作用。那些在启示中接受使命的人眼中含有上帝的形象——它超越了感官，因此人们用精神的眼睛接受它，精神的眼力并不是比喻，而是非常现实的东西。精神也会以注视作为回答，一种赋形的注视。尽管我们这些尘世之人不能在没有世界的情况下注视上帝，只能在世界上注视上帝，我们的注视却塑造了上帝永恒的形象。

　　形象是"你"与"它"的混合体。它可能会在信仰和献祭中变为僵滞的对象，但关系的精髓会在它体内继续生存，它还会不断地变为当下。只有当人们不将形象从上帝身上抽离的时候，上帝才接近自己的形象。在真正的祈祷中，献祭和信仰都统一和净化为鲜活的关系。既然宗教中存在真正的祈祷，就证明它是真实生活的一部分。只要它存在于宗教，这些宗教就依然是鲜活的。宗教的退化意味着它内部祈祷的退化，关系的力量越来越受到对象性的撼动，要以未经分割的全部本质说"你"变得越来越艰难,人们最终不得不走出虚假的避难所,踏上无穷无尽的冒险之路,从寺庙笼罩、不见天空的社群走入最终的孤独。如果有人将这种推动力称为"主观主义",那就是对它产生了深刻的误解:面对上帝面孔的生活才是唯一真实的生活,而那种唯一真正"客观主义"的生活,分离出来的人们只能在表面上的、幻觉中的客观性摧毁自己的真实之前得到拯救。主观意味着赋予上帝灵魂,客观意味着将上帝对象化。主观是错误的强化,客观是错误的释放,二者都偏离了真实的道路,二者都在企图替代真实。

如果人们不将形象从上帝身上抽离,上帝就接近他的形象。但如果宗教中扩张的运动压制了颠覆的运动,形象就从上帝身上抽离,形象的面孔就烟消云散,嘴唇失去生机,双手下垂,上帝不再认识它。世界的家宅,也就是它周围建立起来的祭坛和人类宇宙都土崩瓦解。随之而来的结果还有，人类因为真理的摧毁，不再能看清发生的事情。

话语会四分五裂。

话语以本质的方式存在于启示之中，在形象的生活中发挥作用，它也会在死灭之物的统治下枯萎。

历史中永恒的轨道和反向的轨道，还有永远在当下的话语也是一样。

在本质的话语现身的时代，"我"与世界的关联得到更新；在有效的话语统治的时代，"我"与世界互相接纳；在话语枯萎的时代，一切都变得不真实，"我"与世界彼此疏远，灾难逐渐成形——直到可怕的战栗贯穿我们，我们在黑暗中屏住呼吸，在沉默中潜伏预备。

但这条轨道并不是一种周期运动，它是一条必经之路。因为灾难会在每一次新的永恒中变得更加压抑，颠覆也变得更为艰难。显灵的时刻越来越接近，越来越接近本质之间的维度：接近我们的中心,接近隐藏在我们之中的国度。历史就是一次神秘的接近过程。道路的每一次盘旋都将我们带向更深的堕落与更彻底的颠覆。这个结果,从世界的角度看叫作颠覆,从上帝的角度看却叫作救赎。

后记

1

当我(在四十多年前)写下这本书初稿的时候,我感到内心有一种必须做的念头驱使着我。一种自我少年时期起就经常萦绕在我心里的想法经过沉淀,达到了非常清晰的程度,而这又显然是一种超越个人的观点,我立刻就觉得要将它写下来。过了一段时间,我找到了合适的话语,这本书也形成了最终定稿,之后又在几个地方用适当的形式进行了增补。之后又写了几篇与这个观点相关的短文[1],有些是举例解释,有些是反驳一些质疑,有些是批评一些观点,尽管这些观点可能很重要,但没怎么涉及我最核心的主张,也就是与上帝的亲密关联和与人类的亲密关联。在这之后,我又做了其他补充,有的来自人类学的基本知识[2],有的来自社会学的影响[3]。尽管如此,也不可能将一切都解释清楚。时常有读者向我咨询这个或那个地方是什么意思。长期以来我都逐一向他们进行回复,但我渐渐注意到我已经无力应对这样的任务。此外,我也不应该只与那些向我来信的读者保持对话关系——也许正是那些沉默

---

1 《对话——论对话人生》(1929年第一版,新版1978年于海德堡出版),另载于:《对话原则》,海德堡,1979年。《个体的问题》(1936年),重印于:《对话原则》,海德堡,1979年。《论教育》(1926年第一版),载于:《关于教育的谈话》,海德堡,1953年。《人的问题》(1942年,原文为希伯来语),第五修订版,海德堡,1982年。

2 《原始距离和关系》(1950年第一版),第四修订版,海德堡,1978年。

3 《人际间的要素》(1954年),载于:《对话原则》,海德堡,1979年。

的读者值得我的特别关注。因此我有必要公开做出回答,首先是一些在意义上彼此相关的根本问题。

2

第一个问题准确的表述是:如果我们就像书中所说的那样,不仅仅是与其他人,也与我们在大自然中遇见的其他本质和事物保持"我—你"的联系,那么这种联系和与其他人的联系有什么本质上的区别呢?或者更确切地说:如果"我—你"的联系取决于"我"与"你"双方在事实上的互相影响,与自然界的关系又如何可以被理解成这样一种关联呢?更确切地说:如果我们认为,我们可以在相遇中把自然界的本质和事物称为"你",并确认我们之间存在某种相互影响,那么这种相互性有什么特点?我们为什么可以在这里使用这个基本概念?

这个问题显然没有统一的答案。我们不能像通常那样，把自然当作一个整体来理解，而是要分别观察它的不同领域。人类曾经"驯服"过动物，现在还拥有施加这种独特影响的能力。人将动物引入了自己的生活氛围，迫使它们以一种很基本的方式接受了他这个异类，"理解了他"。他接近动物、和动物说话的时候总是能得到一种惊讶的、活跃的回应，他与它们之间的联系越接近说"你"的联系，这种回应在一般情况下就会越强烈、越直接。动物就像孩子一样，常常能够看穿伪装出来的温柔。但即使是在驯养的领域里，有时也会见到人与动物之间类似的接触：有些人本性里就拥有成为动物伙伴的潜质——这些人并不是"兽性的"，而是拥有自然智慧的人们。

　　动物不像人类一样具有双重性：它不了解基本词"我—你"和基本词"我—它"的双重性，尽管它可以与其他本质交流，也可以把它们当作对象观察。我们可以说，这种双重性处于潜在状态。因此当我们对这些生灵说"你"的时候，我们可以将这一领域称为相互性的门槛。

在自然界的另一些领域，事情截然不同，少了我们与动物共同的自发性。我们对植物的概念之一就是它不会对我们的行为做出反应，不会"回答"。但这不是说我们在这个领域就不存在交互性。当然，这里没有某个单独本质的行为或行动，却有存在本身的交互性，仅仅是存在者本身。所有这些有生命的整体和一棵树这样的统一体，即便在最尖锐的研究性目光下也是不存在的，却会将这一切展现给说出"你"的人们，只要这个人在场，这些事物就在场，他将这一切赐予了这棵树，让它显形，现在显现的是一棵存在的树木。我们的思维定式让我们很难察觉我们的行为唤醒了什么，但存在者中间有些东西在对着我们闪烁。在这一维度里，我们要自由且公正地看待在我们面前开敞的真实。我想把这个更广阔的、囊括范围从石头到星辰的丰富领域称为门前区域，也就是跨入门槛前的台阶。

3

现在又出现了另一个维度的问题，如果以同样形象的语言描述，它可以被（先验地）称为"超越门槛的区域"，也就是门上方的门梁：精神的维度。

我们在这个维度也必须划分两个领域，而且这种划分比自然界的划分更深刻。一种精神已经进入了世界，在我们意义的传播之下变得可以被感知；另一种是还没有进入世界，但已经准备好成为我们的当下的精神。这种区分方式的原因是，我可以向你们，我的读者们，清清楚楚地揭示已经进入世界的精神构筑，却无法揭示另一种。我可以向你们描述我们共同的世界里的精神构筑，就像是描绘自然界中"现存的"一个物体或一种本质，因为你们会觉得它是真实的，可以理解的——却不能描述还没有进入世界的事物。如果在这个受限的领域还有人问我,那么该去哪里寻找相互性,我也只能间接指出人生中某些特定的但难以描述的进程,精神在那时经历相遇。最后,如果这种简洁的描述还不够,我的读者,我唯一的建议是从你们自己的——有些隐藏却依然触手可及的秘密中寻求证据。

那么让我们回到第一个领域,也就是"现存的"领域。我们在这里可以举例说明。

现在对此抱有疑问的读者可以回想一位过世的大师几千年前流传至今的箴言,试图现在就用耳朵听到这句箴言,好像这位大师就站在你身边讲话,你要倾听他、开始感受他。你必须在这位已经不在世的大师和这句留存在世上的箴言面前用尽你的全部本质,这意味着你必须在这位死者和这句鲜活箴言的墓案前拿出说"你"的态度。如果做到了这一点(当然,有意志力和努力还不够,还要反复练习),你就能听到一个声音,开始也许很模糊，但符合说出那句真正箴言的大师本人的声调。如果你把这句箴言当作一个对象，现在这一切就不可能实现，你无法从中听出内容和韵律，你感受到的只是一句话那不可分割的整体。

　　但这只是说一个人的言语带给我们的赠礼。我想说的却不限于人类话语所能发挥的作用。因此我还要补充一个与人无关的例子。我经常举这个例子，很多人都觉得印象深刻。比如说一些多立克式样的立柱，只要你有能力走向它，并做好走向它的准备，你就可以在各处都见到这样的柱子。我第一次见到它们是在锡拉库萨一座教堂的墙上，它是嵌进墙里的，神秘的轮廓以简洁的形态展现出来，我简直看不到它的细节，也无法享受它的细节。我只能做一件事：站在这一精神构筑的对面，站在这通过人类的双手和力量拥有了形体的柱子对面。相互性的概念在此刻消失了吗？它只是沉回了黑暗，或者它变成了某种具体的事物,这个概念脆弱而不可见,却又明亮而可靠。

我们从这里出发,观察那个"并不存在"的领域,那是与"精神本质"接触的领域,是话语与形式产生的领域。

变为言语的精神,变为形式的精神——每一个被精神触动过且没有拒绝它的人都知道一个基本的事实:这样的事物在人世的萌芽与生长需要播种,需要与他者相遇。不是与柏拉图式理想的相遇(我对此没有直接的了解,也无法将它理解为存在之物),而是环绕着我们、吸入我们体内的精神。这又使我想到了尼采奇特的认识,关于"灵感的过程",接受赠礼,但不追问赠礼来自谁。无论如何,不要追问,但要感激。

谁认出了精神的气息,却想要战胜它或是探究它的创造过程,就背叛了自己。谁将这份赠礼归功于自己,也就会成为背叛者。

4

我们现在重新将与自然事物的相遇和与精神事物的相遇放在一起观察。

那么我们就可以——有人或许会问——在我们生活的人类世界经历它们吗?既然它们处在我们所有存在秩序中的自发行动和自我意识之外,就像在谈论其他事物,就像一句回应或是一句称呼。它是还有别的作用,还是仅仅是一个"拟人的"比喻?这种疑问重重的"神秘性"会不会抹去我们的理性认识所划定的必要界限?

"我—你"联系具有清晰稳固的结构,每个人对此都很熟悉,如果你怀着不受拘束的心与勇气走进这种关系,它的本质就不再神秘。我们必须时不时地走出我们的思维定式,才能理解它,但不要放弃原初的准则,它决定了人类对真相做出的思考。就像在自然领域中一样,在精神领域中——无论是在箴言和作品中延续下去的精神,还是想要变成箴言和作品的精神——我们的影响都应该被理解为对存在者的影响。

5

下一个问题不再是有关门槛、门前区域与超越门槛的区域的相互关系，它本身就是通往我们此在的入口。

这个问题是：人类之间的"我—你"联系是怎么样的？它总是具有完整的相互关系吗？它可以一直保持这一点，有可能一直保持这一点吗？它是不是也像所有与人类有关的事物一样，被我们的愚昧所限，但也受到我们人际交往的内部法则所限？

第一个阻碍大家都很了解。你日复一日地望向你那些疏远的"邻人"，他们抬起头仰望着忧伤的圣人，而圣人也只是徒劳地、一次又一次地献出巨大的赠礼——这一切都告诉你，人际关系中并不存在完整的相互性。它是一种恩赐，人们必须随时做好准备，也不会得到保证说自己一定会得到它。

但还有一些"我—你"联系，如果想以自己的方式延续下去，就不能发展为完整的相互关系。

我在其他地方[1]描述过真正的教育者和学生的关系。为了让学生的本质实现其最好的可能性，从而达到自我实现，教师必须把他当作一个具有潜能与真实性的特定个人，更准确地说，教师不能仅仅把他当作是一个特征、追求和阻碍的合集，他必须将学生视为一个整体，对这个整体给予肯定。要做到这一点，只有把自己当成学生的伙伴，在两极关系中与他相遇。为了使教师对学生的影响具有实际意义，教师不但要从自己的角度思考问题，还要从站在他对面的学生角度经

---

1 《论教育》。

历他的所有时刻。他必须采用这种我称为环绕法的现实方法。之后，学生身上的"我—你"联系也被唤醒，学生也会把老师看作某个特定的个人，对他进行肯定，但如果学生也开始使用环绕法，也就是在共同的状况下扮演教育者的部分，那么这种特殊的教育关系就无法存在了。无论"我—你"联系是就此结束，还是变成了另一种截然不同的友谊，都可以证明特殊的教育关系不能发展为完整的相互关系。

关于相互关系必然存在的局限性，另一个同样具有启示意义的例子是一位真正的心理治疗师和病人之间的关系。如果医生满足于"分析"自己的病人，也就是说从病人的微观宇宙里截取无意识的因素，将这一变化所产生的能力用于有意识的实践工作，可能只能实现一些修补功能。在最好的情况下，他可以帮助一个混乱而缺乏结构的灵魂凝聚起来，获得秩序。但在这种情况下，他完成的工作就不再是对萎缩的个人中心的再生了。医生需要用伟大的目光寻找痛苦的灵魂中潜在的统一,这恰恰需要个人与个人之间的伙伴关系,靠对一个客体的观察和研究达不到这样的目的。为了能使这种统一体得到释放与实现,能让这个人带着新的理解与世界和睦相处,医生必须像教育者一样,不仅仅是站在自己在两极关系中的这一端,也要凭借当下的力量站在另一极,感受自己的行动造成的影响。同样,如果病人也开始运用环绕法,站在医生那一极进行感受,那么特殊的"治疗"关系也会在瞬间崩溃。只有那些鲜活地站在对面,又知道抽身而退的人才能够治愈和教诲他人。

相互关系的普遍局限在神职人员的身上表现得最明显,如果对方也使用环绕法,神职人员的使命就失去了权威性。

如果在一种关系中,一方需要有目的地对另一方施加影响,这里面的"我—你"联系的相互性就是不完整的。

6

在这一部分我们只能再讨论一个问题了，但我们必须讨论这个问题，因为它的重要性是无可比拟的。

永恒之"你"——有人问——如何可以同时存在于关系的内外？人类与上帝之间的"你"联系和对上帝无条件、不反抗的献身又如何可以将所有其他人类之间的"我—你"关系包含在内，将它们一起带到上帝面前？

我们注意到，这里的问题牵涉的不是上帝，而是我们和他的关系。但要回答这个问题，我不得不先谈论上帝。因为我们和他之间的关系超越了对立，因为他就是超越了对立的存在。

当然，我们谈论的只是上帝和人类的关系。就算如此这也有些矛盾，更确切地说，这是对一个概念的矛盾用法；更确切地说，这是用矛盾将一个名词概念和一个形容词连接在一起，从而得出了一个矛盾的内容。这种矛盾在一种洞察面前是不可能成立的，只有这样才能够解释对这个概念对象的描绘是不可缺少的。这个概念的内容得到了一种天翻地覆的扩展——每当我们怀着真实的信仰，理解一个概念的内涵并将其用于超验的影响的时候，事情都是如此。

每个人都必须将与上帝的关系当作与一个个人的关系，因为我说的"上帝"不是一种原则，就像有时候像埃克哈特这样的神秘主义者会将上帝等同于"存在"，我说的"上帝"也不是一种理想，就像柏拉图这样的哲学家有时候会做的那样。更确切地说，我说的"上帝"——就像上帝本来的样子——以创造、启示和救赎的行为与我们人类建立起了直接的关系，因此我们才有可能踏入与他的直接关系。这一点构成了我们此在的基础和意义，只能建立在两个个人的相互关系之上。上帝的个人性的概念显然没有完全表达清楚上帝的本质，但我们可以，也有必要说，上帝也是一个人。如果我一定要把我对上帝的理解翻译成哲学家斯宾诺莎的语言,我就只能这样说,在上帝的无数特征中,我们人类不像斯宾诺莎所说的那样只认识了两种,而是三种:精神性——被我们称之为精神的事物就起源于它;自然性——它体现为被我们作为自然认识的事物;第三种特征便是个人性。我的和所有人类的个人存在都来自这个特征,就像我们的精神存在和自然存在意义。只有这第三个特征,个人性的这个特征是我们原本就可以直接认识到的。

但如果与个人这个概念的普遍内容联系在一起,就又出现了矛盾。这个概念的普遍内容是,一个个人的自主性取决于他自身,但从整体上来看还要与其他众多的自主存在形成相对关联,这一点显然不适用于上帝。为了解决这个矛盾,就出现了一种悖论性的描绘,将上帝描绘成绝对的个人,也就是说无法形成相对关联的人。在我们与上帝的直接关系中,上帝作为绝对的个人出现。但更深刻的洞察会化解这种矛盾的做法。

上帝——我们可以这样说——将他的绝对性

带入了他与人类的关系。人类转身面向他，却不需要背弃任何"我—你"关系。他可以将它们全部带到上帝面前，让他们"在上帝的面孔前"得到净化。

但请不要将我在本书和几乎所有此后的书中所谈论的与上帝的对话视为某种不属于或超越了日常事件的事物。上帝对人类的话语贯穿了我们的生活与我们生活的这个世界的所有进程、所有的传记与所有的历史，成为对你我的一种指示、一种要求。所有的事件，所有的境况里都回响着那人性的强大语言，要求我们坚守，要求我们做出决定。但我们常常以为自己什么也感受不到，早就用蜡堵住了自己的耳朵。

上帝与人类之间的相互关系无法证明，就像上帝的存在无法证明一样。但如果谁想要对此加以评论，就需要拿出证据，并要求那个参与对话的见证人也拿出当下或是未来的证据。

1957年10月，耶路撒冷